»Liebe Eva«

Über das Buch

Das sind erstaunlich persönliche Dokumente des einst ersten Mannes der DDR, entstanden in der Haft in Berlin-Moabit 1992, dort, wo er schon einmal einsaß. Damals hatte ihn die Gestapo inhaftiert, diesmal der deutsche Rechtsstaat. Honecker, getrieben vom verständlichen Ehrgeiz, sich und damit die DDR zu verteidigen, gequält von einer tödlichen Krankheit, korrespondierte in jener Zeit mit einer Frau aus dem westdeutschen Bad Homburg. Es existieren keine anderen schriftlichen Zeugnisse, in denen Honecker sich derart öffnete wie hier.

Über die Herausgeberin

Dr. Eva Ruppert, geboren 1933 im Saarland, bis 1999 in Bad Homburg als Gymnasiallehrerin tätig, parteilos zeitlebens, aber keineswegs unparteiisch, schloss sich dem 1992 gebildeten Solidaritätskomitee für Erich Honecker an. Dem ersten Besuch an seinem 80. Geburtstag in der JVA in Berlin folgten weitere Begegnungen und eine intensive Korrespondenz, die mit Honeckers Tod in Chile 1994 nicht abbrach. Margot Honecker setzte sie fort. Erst 2016, als auch sie verstarb, ging der Austausch von Ansichten überzeugter Antifaschisten zuende. Geblieben sind Zeugnisse von zeitgeschichtlicher Bedeutung.

»Liebe Eva«

Erich Honeckers Gefängnisbriefe

edition ost

Bildnachweis:
Archiv edition ost (S. 11, 31, 44, 71, 83, 102, 171);
Frank Schumann (S. 91, 175); Peter Wozniak (S. 56)

MIX
Papier aus verantwortungsvollen Quellen
FSC® C104608
FSC
www.fsc.org

ISBN 978-3-360-01883-0

Umschlaggestaltung: Buchgut, Berlin
Printed in EU

Die Bücher der edition ost und des Verlags Das Neue Berlin erscheinen in der Eulenspiegel Verlagsgruppe.

www.eulenspiegel.com

Vorbemerkung

Erich Honecker schrieb während seiner fast sechsmonatigen Haft in Berlin-Moabit mit der Hand. Er schrieb Briefe, Stellungnahmen, Erklärungen und gab Autogramme. Seine Handschrift war schon immer schwer leserlich gewesen, doch so lange er nur Dokumente signierte oder Vorlagen mit seiner Paraphe oder/und mit dem bekannten »Einverstanden« versah, war das erträglich. Doch nun, da seine Texte länger wurden, hatten die Empfänger, nun ja, einige Mühe, seine Mitteilungen zu entziffern. Verschärft wurde das Problem durch seine fortschreitende Erkrankung, die, wie er gelegentlich selbstkritisch anmerkte, die Lesbarkeit nachteilig beeinflusste. Die Schrift lief immer breiter, die diakritischen Zeichen - die Punkte auf den Umlauten und dem i oder j - wurden immer seltener gesetzt, die Interpunktion litt gleichfalls unter einer gewissen Zufälligkeit. Das alles zusammengenommen machte die Lektüre nicht eben einfach. Selbst Margot Honecker fühlte sich überfordert. Als sie mir seinerzeit in Chile die Mappe mit Honeckers letzten Aufzeichnungen gab, räumte sie ein, beim Lesen irgendwann kapituliert zu haben. Sie habe das Konvolut nicht bis zum Ende gelesen.

Hinzu kamen Probleme mit Sprache und Satzbau, welche im Wesentlichen einfach und nicht immer logisch waren. Nein, Honecker war wirklich kein Schriftsteller, aber wer war und ist das schon unter den gekrönten Häupter? In den

USA reichten schon die Fähigkeiten eines Fünftklässlers, um Präsident zu werden. Im Vergleich mit diesem war Honecker geradezu ein intellektueller und politischer Titan und auch hinsichtlich seiner Empfindungen und Reaktionen ein recht sympathischer Mensch. Das bezeugen diese Briefe, die er an Eva Ruppert richtete. Darin wird die Person hinter dem Staatsmann sichtbar, anders als man sie gemeinhin zu kennen meint. Ich habe viele Selbstzeugnisse Honeckers in den letzten Jahren studiert, doch nirgendwo offenbarte er derart seine Gefühle wie hier. Das ist erstaunlich, weil doch die Bekanntschaft der beiden sehr jung war: Honecker und Ruppert waren sich erstmals an seinem 80. Geburtstag in der JVA begegnet.

Die Erklärung, dass sich inhaftierte Menschen in einer Ausnahmesituation befinden und sich daher anders verhalten als Menschen außerhalb von Gefängnismauern, reicht nicht hin, um das zwischen diesen beiden Menschen bestehende Verhältnis zu erklären. Wären sie 17 gewesen, hätte man vermuten können, sie hätten sich ineinander verknallt. Doch beide waren keine Teenager, beide hatten ein langes Berufsleben hinter sich und Familie. Doch die Zuneigung füreinander schwingt in jeder Zeile mit.

Die Briefe sind weniger zeitgeschichtliche Zeugnisse denn Abbild der seelischen Befindlichkeit Honeckers, wenn es denn so etwas überhaupt gibt. Diese Einschätzung folgt dem Ausruf des Atheisten Honecker in einem Brief: »Wäre ich gläubig …« Es gibt offenkundig Dinge zwischen Erde und Himmel, die sich uns bekannten Deutungsmustern zu entziehen scheinen.

Nachdem Honecker 1994 verstorben war, führte Eva Ruppert die Korrespondenz mit Margot Honecker fort. Diese hatte bereits die Federführung in Honeckers letztem Lebensjahr in Chile in des Wortes eigentlicher Bedeutung übernommen, der zunehmend schwächere Erich Honecker setzte nur noch sein Signum neben das seiner Frau. In den späteren Schreiben finden sich immer wieder Bezüge zu Honecker, weshalb es gerechtfertigt ist, sie mit in dieses Bändchen aufzunehmen.

Die Pausen zwischen den Briefen wurden größer, Margot Honecker musste sich oft »lebendig machen«, wie sie es nach längerem Schweigen nannte. Sie hatte sich für das schnellere Medium Mail entschieden. Eva Ruppert in Bad Homburg besaß zwar einen Computer, doch den machte sie nur selten an. Sie war (und ist) kein besonderer Freund von Technik. Deshalb verkehrten die beiden Frauen auf traditionelle Weise. So bereichert denn diese kleine Sammlung persönlicher Briefe der Honeckers das Bild von den beiden. Die Geschichte muss nicht neu geschrieben, aber vielleicht manches Detail korrigiert werden.

Frank Schumann

In Bad Homburg vor der Höhe wohnen die Betuchten, die im angrenzenden Frankfurt am Main das Geld machen. Die hessische Kur- und Kongressstadt wirbt mit dem offenherzigen Claim »Champagnerluft und Tradition« – Kaiser Wilhelm II., der hier seit 1888 seine Sommerresidenz hatte, und Hindenburg sind sehr präsent. Nach 1945 verschwand Hindenburgs Name im Rahmen der Entnazifizierung von den Straßenschildern – 1954 tauchte er wieder auf und soll dort auch bleiben, wie Ende 2016 eine Mehrheit aus AfD, FDP und CDU in der Stadtverordnetenversammlung entschied.
Die gebürtige Saarländerin Dr. Eva Ruppert lebt seit den 60er Jahren in Bad Homburg und wäre doch am liebsten weg. Jetzt, im Alter, will sie das Reihenhäuschen jedoch auch nicht mehr räumen.

Frank Schumann: Ihren Namen hörte ich zum ersten Male von Margot Honecker, sie nannte ihn im Kontext mit dem »Solidaritätskomitee für Erich Honecker«. Sie gehörten zu den Gründungsmitgliedern. Waren Sie Mitglied der – westdeutschen – DKP, von der die Initiative ausging?

Eva Ruppert: Nein. Ich gehörte nie einer Partei an, auch dieser nicht. Dafür gibt es einige Gründe. Mich hielten beispielsweise manche Personen und deren Profilierungsneurosen davon ab, mich einer linken Partei zuzugesellen. Auf der anderen Seite lernte ich in der Friedensbewegung viele kluge, sympathische Leute kennen, parteilose wie gebundene. Etwa Robert Steigerwald, einer der theoretischen Köpfe der DKP. Er lebte in Frankfurt und war Vorsitzender der »Vereinigung marxistischer Bildungsgemeinschaften der BRD«. Steigerwald leitete viele Jahre als Chefredakteur die *Marxistischen Blätter;* er starb im Juni 2016 mit 91 Jahren.

Wie kam es zur Gründung dieses Solidaritätskomitees? Bemerkenswert finde ich, dass die Initiative im Westen erfolgte – nicht einer der ehemaligen 2,3 Millionen SED-Mitglieder war auf eine solche Idee gekommen. Nicht mal ein Quartier hatte man beiden angeboten, das tat am Ende die Kirche. Im April 1990 fanden die Honeckers Aufnahme im sowjetischen Militärhospital in Beelitz, und nachdem die bundesdeutsche Justiz Haftbefehl gegen den bis zu seinem Sturz im Herbst '89 von westdeutschen Politikern hofierten Staats- und Parteichef erlassen hatte, waren sie im März 1991 nach Moskau ausgeflogen worden. Russland lieferte ihn am 29. Juli 1992 an die BRD aus, Margot Honecker flog zu Tochter Sonja nach Chile.

Ich kam mit meinem Sohn im Juli 1992 von einer Kuba-Reise zurück, als ich bei einer Zwischenlandung in einer deutschen Zeitung die Meldung las, dass Honecker ausgeliefert worden sei und in der JVA Moabit einsäße. Ich war entsetzt. Das darf man nicht hinnehmen, sagte ich mir.

Einfach so? Oder hatten Sie zu Honecker eine persönliche Beziehung?

Nein, ich kannte ihn nicht - abgesehen davon, was ich aus den Medien wusste. Monate zuvor hatte ich ihn in Moskau zu treffen versucht. Das war während einer Touristenreise. Ich hörte davon, dass er sich wegen eines Lebertumors in medizinischer Behandlung befinde. Also habe mir ein Taxi genommen und fuhr von Hospital zu Hospital und fragte, ob Erich Honecker hier läge. Naiv, natürlich. Selbst wenn er sich in einem der von mir aufgesuchten Krankenhäuser befunden hätte, wäre mir das aus Sicherheitsgründen verschwiegen worden, ist doch klar. Interessant jedoch waren die Reaktionen, wenn der Namen »Chonekker« fiel: Sie reichten von respektvoller bis zu bewundernder Anerkennung. Der Mann und dessen Haltung waren nicht wenigen Russen durchaus ein Begriff.

Wieso hefteten Sie sich an Honeckers Fersen? Weil er wie Sie Saarländer war? Gab es da eine Seelenverwandtschaft von Landsleuten?

Das nicht, obgleich unser beider Herkunft gewiss lebensprägend war und ist. Für mich war Honecker »die DDR«. Und diese war für mich als westdeutscher Lehrerin spannend und sympathisch. Wir wissen doch, dass Zufälle mitunter zu Schlüsselerlebnissen werden. Ich reiste als Tourist wiederholt durch die DDR und hatte zufällige Begegnungen mit freundlichen, aufgeschlossenen, hilfsbereiten Menschen. Daraus wurden auch einige Freundschaften, die jahrzehntelang bestanden. Natürlich erlebte ich auch Unangenehmes. Als ich zum Beispiel in Dresden bei der Staatsbank D-Mark eintauschte und mit den Scheinen, die ich dafür bekam, im Restaurant in der Prager Straße zahlen wollte, hob man bedauernd die Hände: Mit diesen Forumschecks könne ich nur im Intershop einkaufen.

Das wies Sie in der Tat als Landesunkundige aus, die DDR-Banknoten nicht von diesen speziellen Zahlungsmitteln für Devisenläden unterscheiden konnte.

Ich wusste erstens in der Tat bis dato nicht von deren Existenz, und zweitens sahen die Scheine aus wie richtige Bank-

Eva Ruppert (rechts neben dem Transparent) vor dem Gerichtsgebäude in Berlin während des Prozesses gegen Erich Honecker.

noten und waren auch so gestückelt. Aber mal abgesehen von solchen Überraschungen gewann ich nur positive Eindrücke von diesem Land. Vor allem von den Menschen, denen ich begegnete. Und mich beeindruckte, wie die DDR-Leute miteinander umgingen. Das war ganz anders als ich es aus meinem Land kannte.

Und weil Honecker für Sie die Inkarnation der DDR darstellte, beschlossen Sie, als Sie von seiner Inhaftierung erfuhren, sich für seine Freilassung zu engagieren?

Nicht nur deshalb. Honecker hatte nach meinem Verständnis ganz maßgeblich zur Sicherung des Friedens beigetragen. Als in den frühen 80er Jahren die NATO ihre Pershing II und Cruise Missiles in Westeuropa stationierte und die Sowjetunion darauf mit Kurzstreckenraketen in der DDR und in der ČSSR reagierte und alle Verhandlungen mit den USA abbrachen, mühte er sich um eine blockübergreifende »Koalition der Vernunft«. Solange gesprochen werde, würde man nicht schießen, erklärte Honecker. Das haben BRD-Politiker durchaus positiv wahrgenommen und auch für sich genutzt.

So lange Honecker im Amte war.

Genau. Und das war der andere Grund, weshalb ich es für skandalös und widerrechtlich hielt, dass nun die BRD-Justiz Erich Honecker und andere DDR-Bürger verfolgte. Abgesehen von der menschlichen Seite: Welche Niedertracht offenbarte sich im Umgang mit diesem kranken Mann, bei dem einst BRD-Politiker in Scharen um Fototermine in der DDR-Hauptstadt nachsuchten, weil sie sich dadurch Vorteile im Wahlkampf oder für die eigene Imageaufwertung versprachen? Und jetzt traten sie nach, schmähten und verhöhnten ihn – aus den gleichen Gründen. Dieser Opportunismus, diese Verlogenheit, diese Heuchelei widerten mich an.

Nicht nur Sie. Günter Gaus kritisierte diese Charakterlosigkeit ebenfalls, womit er ziemlich einsam stand in der politischen Klasse. In seinem Nachruf auf Honecker – ich veröffentlichte ihn in seinem Buch »Kein einig Vaterland« (edition ost, 1998) – erinnerte er daran, wie Honecker »im September 1987 in der Bonner Redoute, in seiner Kleine-Leute-Heimat an der Saar, in Krupps Villa Hügel und in der Münchner Residenz geehrt wurde. Aus Wiebelskirchen in die Welt geraten und sich darin nicht verlaufen, sondern behauptet; auch in Bonn. Wie hätte man ihm dies und anderes mehr von westlicher, von westdeutscher Seite nachgerühmt, wäre er im Herbst 1987 gestorben.« Honeckers Pech: die DDR überlebt zu haben. Der Publizist und Ex-Diplomat Gaus erklärte, was des Pudels eigentlicher Kern war: »Denn die herrschende Lesart lautet heute: Kommunist zu sein war [und ist] verwerflich; schon die Idee allein stellt ihre Anhänger ethisch, moralisch, sittlich ins Abseits, macht sie zu abartigen Wesen.«

Alles richtig. Schon deshalb musste man sich vor und neben den Kommunisten Erich Honecker stellen. Sich mit ihm solidarisieren.

Und damit mit der antifaschistischen DDR. Noch einmal der selbstkritische Gaus sehr treffend: »Durch den Zusammenbruch der DDR 1989 ist nicht alles widerlegt worden, was nach 1945 über bürgerliche Wurzeln des Nationalsozialismus gesagt wurde; über deutschen Militarismus; über die Industrie und Hitler; über die Macht des Großgrundbesitzes. Wir haben seinerzeit nicht nur die falschen Bücher gelesen.« Wenn ich mich in Ihrer Bibliothek umschaue, gilt das nicht für Sie.

Ich las nicht nur die »richtigen Bücher«, sondern hatte auch einen anderen Umgang. Dadurch kannte ich auch Menschen, die meine Haltung in Bezug auf Erich Honecker teilten. Zum Beispiel Werner Cieslak und Heinz Junge, zwei Dortmunder DKP-Genossen, für die die Zeile aus ihrem 78er Parteiprogramm – im Unterschied zu den meisten anderen Genossen, sofern diese überhaupt noch dabei waren – unveränder galt. Nämlich dass die DDR die »größte Errungenschaft der deutschen Arbeiterbewegung« war. Sie muss darum auch postum verteidigt werden wie auch ihre Protagonisten. Diese wurden jetzt von der gleichen Klassenjustiz verfolgt wie jene konsequenten Antifaschisten, Friedensbewegte, Kommunisten und Sozialisten, die Opfer des Kalten Krieges in der Bundesrepublik geworden waren.

Die DKP hatte meines Wissens bereits 1988 eine »Initiative zur Rehabilitierung der Opfer des Kalten Krieges« ins Leben gerufen.

Ja. Letztlich flossen später alle linken Solidaritätskomitees und Opferinitiativen in eine Widerstands- und Aufklärungsbewegung, die sich mit den verdrängten Alt- und Neulasten der Bundesrepublik auseinandersetzte, also mit der politischen Verfolgung im kapitalistischen Deutschland insgesamt. Ich schloss mich dem »Solidaritätskomitee für Erich Honecker« an und fuhr, kurz vor seinem 80. Geburtstag am 25. August 1992, mit einer vierköpfigen Delegation nach Berlin-Moabit. In diesem Knast hatte der Antifaschist Honecker schon bei den Nazis gesessen. Dass er dort erneut inhaftiert wurde, war nicht nur makaber und skandalös. Es offenbarte eine gewisse Kontinuität.

Wer war seinerzeit mit dabei?

Der schon genannte Werner Cieslak, welcher die Initiative ins Leben gerufen hatte und mit Honecker aus gemeinsamer FDJ-Zeit bekannt war, Heinz Junge, Gründer von *Z. Zeitschrift Marxistische Erneuerung*, der Hamburger Verleger Wolfgang Runge und ich.

Wie war die erste Begegnung?

Aufregend. Wir wurden nur zu zweit ins Besucherzimmer gelassen, und wie später, wenn ich allein dort war, saß immer ein JVA-Beamter mit im Raum und verfolgte aufmerksam das Gespräch und jede Bewegung.
Honecker war sichtlich gealtert und wesentlich kleiner, als ich ihn im Fernsehen oder auf Fotos wahrgenommen hatte. Doch auch ohne Anzug und Binder zeigte er sich aufrecht und staatsmännisch. Selbst im Jogginganzug bewahrte er Haltung und Würde. Er hat mich stets beeindruckt.

Kann man denn unter diesen Umständen von einem »persönlichen Gespräch« reden?

Natürlich waren unsere Begegnungen, die jeweils eine Stunde währten, nicht in dem Sinne »privat«, als wir uns beide in einer Ausnahmesituation und überdies unter ständiger Kontrolle befanden. Gleichwohl war es immer auch intim, als wir nicht nur über Politik, sondern auch über Privates sprachen.

Auch übers Saarland?

Darüber haben wir eigentlich nie geredet, fällt mir jetzt auf. Nein, es war ein offener Dialog, der von Anbeginn auf wechselseitiger Sympathie gründete. Das war einerseits eigenartig, als wir uns nicht kannten, also keine gemeinsame Erinnerung besaßen, über die man hätte reden können. Andererseits wohl ganz natürlich. Es waren schöne Gespräche. Auch wenn ich kein spontaner Mensch bin. Manches habe ich dann in den Briefen angeschnitten. Die wurden zwar auch kontrolliert wie die Gespräche, aber beim Schreiben konnte man dieses Gefühl verdrängen.

Sie haben sich im Gespräch zurückgehalten?

Kann man so sagen. Ich war ja noch im Schuldienst.

Haben Sie sich auf die Gespräche vorbereitet, machten Sie sich vorher Gedanken, worüber Sie mit Honecker reden wollten?

Sicher, aber nicht im Detail, das ergab sich im Gespräch. Ein Wort gab das andere, wie man so sagt. Er freute sich auf die Begegnung wie ich, und das sagte er mir auch.

Was haben Sie ihm geschenkt?

Bei unseren Treffen? Nichts. Man durfte doch nichts mitbringen. Man konnte etwas in die JVA schicken, was ich auch tat. Bücher, Musikkassetten ...

Sie haben auch an Gerichtstagen teilgenommen?

Ja, an einigen. Man musste schon sehr früh im Landgericht erscheinen, um einen Platz im Gerichtssaal zu bekommen. Als er seine große Rede hielt …

… Sie meinen die Erklärung am 3. Dezember 1992, die so begann: »Ich werde dieser Anklage und diesem Gerichtsverfahren nicht dadurch den Anschein des Rechts verleihen, dass ich mich gegen den offensichtlich unbegründeten Vorwurf des Totschlages verteidige. Verteidigung erübrigt sich auch, weil ich Ihr Urteil nicht mehr erleben werde. Die Strafe, die Sie mir offensichtlich zudenken, wird mich nicht mehr erreichen. Das weiß heute jeder. Ein Prozess gegen mich ist schon aus diesem Grunde eine Farce. Er ist ein politisches Schauspiel.«

Ja, damit war alles gesagt … Ich kam an jenem Tag aus Bad Homburg wegen schulischer Verpflichtungen nicht fort. Außerdem erfolgten alle meine Reisen nach Berlin mehr oder minder konspirativ. Niemand hier wusste, dass ich mich mit dieser »Unperson« traf.

Aber fürchteten Sie nicht, im Fernsehen oder auf Pressefotos erkannt zu werden? Es gibt eine Aufnahme, die ich in Honeckers »Moabiter Notizen« veröffentlichte, ohne zu wissen, dass Sie das sind. Es zeigt Sie vorm Gerichtsgebäude mit einem Transparent »Freiheit für Erich Honecker«.

Das hatte ich noch daheim in Bad Homburg auf der Terrasse gesprüht.

Und wer ist der Mann, der mit Ihnen die Losung in die Kameras hält?

Karl-Heinz K., der sich anheischig gemacht hatte. Ich traf ihn gelegentlich im Vorraum des Besucherzimmers. Er hatte immer einen Stapel Bücher von Honecker dabei, die er sich signieren ließ. Er war mir unsympathisch, weil ich das Gefühl hatte, dass er Honeckers Notlage für seine Geschäfte ausnutzte. Solche Typen gibt es wohl immer. Und Erich Honecker war ohne Arg. Im Umgang mit Menschen offenbarte er eine Haltung, die meiner Naivität nahekam. Keine

Berechnung, bedingungslose Offenheit. Das wusste mancher für sich zu nutzen.

Sie haben nach dem Tod Erich Honeckers die Korrespondenz mit Margot Honecker fortgesetzt, die Sie persönlich nie getroffen haben. Weder zuvor in der DDR noch später in Chile.

Ja. Aber das war eine ganz andere Korrespondenz als mit ihm.

Inwiefern anders? Weil sie eine Frau war?

Das war keine Geschlechterfrage. Margots Briefe unterschieden sich von denen ihres Mannes. Das war eine andere emotionale Ebene, was sicher auch daran lag, dass ich ihr – im Unterschied zu Erich – nie persönlich gegenübergesessen hatte. Ich hätte, das aber nur nebenbei, sonst was dafür gegeben, Lotte Ulbricht noch kennenzulernen. Sie starb bekanntlich im März 2002, es hätte also in den 90er Jahren die Möglichkeit durchaus bestanden. Dass ich sie nicht genutzt habe, bedauere ich bis heute ... Gottseidank habe ich noch Thälmanns Tochter Irma kennenlernen können, wir waren, kann ich wohl sagen, miteinander befreundet.

Was hat Sie an Erich Honecker so beeindruckt?

Seine Menschlichkeit, seine Persönlichkeit, seine politische Standhaftigkeit.

Auch in dieser Reihenfolge?

Ja. Wenn wir zusammentrafen, zielten seine ersten Fragen immer auf mein Wohlbefinden. Ob ich schon gefrühstückt habe, wie die Bahnfahrt war und dergleichen. Das geschah nicht aus Höflichkeit, es war keine vermeintlich pflichtschuldige Rhetorik. Er hätte auch wehleidig über sein eigenes Befinden schwadronieren und begründetes Mitleid einfordern können. Nichts dergleichen. Er ließ sich nicht anmerken, dass er krank war. Darüber verlor er kein Wort. Auch in den Briefen finden sich allenfalls beiläufige Bemerkungen. Im Gegenteil, er versuchte, mich zu trösten und zu beruhigen. Da verkehrte er unser beider Rollen völlig.

Ich bin von Natur aus kein Optimist. Ich habe zu viel Schlimmes erlebt. Die Bilder vom brennenden Saarbrücken bin ich bis heute nicht los. Diese Todesängste, die ich als Kind durchlitt, als ich draußen vor dem verschlossenen Luftschutzkeller stand und die Bomben fielen. Niemand öffnete auf mein Klopfen und Schreien. Diese existentielle Angst steckt noch immer in mir. Er sprach mit mir über die Gedichte, die ich schrieb. Es würde nicht genügen, nur zu beschreiben, was ist, sagte er. Das reiche nicht. Man müsse auch zeigen, dass und was man machen könne, um das Ärgerliche zu ändern. Ohne dass er es sagte, verstand ich, was er meinte: Ich sollte Optimismus vermitteln. Im Sinne von Brechts Belehrung. Er formulierte das nicht explizit, es geschah eher unwissentlich, aber das genau meinte er wohl, wenn er deutlich machte, das »etwas Positives« im Geschriebenen enthalten sein sollte. Das habe ich von Honecker gelernt.

Honecker als Lehrer – erstaunlich.

Ja, aber nicht vordergründig. Er war – bei allem Intellekt – ein gefühlvoller Mensch, und so war denn auch seine Botschaft: nonverbal. Ohne pädagogisch gereckten Zeigefinger.

Es gibt ein von Ihnen mit »Verteidigung« überschriebenes Gedicht. Sein Name kommt darin nicht vor, aber jeder weiß, wer gemeint ist. Können Sie es einmal vortragen?

Du brauchst dich nicht zu verteidigen, Genosse,
das tun für dich
die Steine der Häuser,
die fleißige Hände jahrzehntelang bauten –
die Kunst,
die in deinem Staat leidenschaftlich gepflegt wurde –
die Literatur,
durch die aus dem ausgebeuteten Arbeiter ein Mensch wurde –
die Bildung,
auf die jeder den gleichen Anspruch hatte –
die Wissenschaften,
die in der ganzen Welt Ansehen genossen –

die Wirtschaft,
die für den Menschen da war, nicht für den Profit –
die Früchte der Erde,
die allen gehörten, nicht den Kolonialherren –
die Maschinen,
auch der kleine Trabant, der stets ersehnte –
unzählige Menschen,
die ihre Deutsche Demokratische Republik
immer noch lieben.
Und Solidarität, die »Zärtlichkeit der Völker«.
So viele Verteidiger hast du, Genosse!

Ja, aber … kann man jetzt einwenden.

Nichts »aber«. Ich kenne die Vorhaltungen und Vorwürfe, die man gegen Honecker und andere Funktionäre vorbrachte. Und ich behaupte auch nicht, dass alle nur erlogen und erfunden sind. Kein Mensch ist ohne Fehl und Tadel, auch Erich Honecker war es nicht. Aber saß er deshalb auf der Anklagebank, musste deshalb die DDR beseitigt werden? Er und andere saßen dort stellvertretend für eine Idee, für eine gesellschaftliche Alternative, für den Staat auf deutschem Territorium mit eindeutig antikapitalistischem Charakter. Dafür die Rache des kapitalistischen »Rechtsstaats«.

In dem Sie ihr ganzes Leben zubrachten. Sie sind Jahrgang 1933.

Das bedeutet doch nicht, dass ich die bürgerlich-kapitalistische Gesellschaft für die Krone der menschlichen Entwicklung halte. Das Gegenteil ist der Fall.

Mich interessiert Ihre Biografie. Woher kommen Sie?

Ich weiß nicht, wie gut Sie sich im Saarland auskennen.

Gar nicht.

Also ich bin in Güdingen geboren und aufgewachsen, das liegt im Süden von Saarbrücken und unmittelbar vor der französischen Grenze, praktisch ein Vorort der saarländischen Hauptstadt. Mein Vater war Technischer Zeichner bei der Reichsbahn, Mitglied der NSDAP – während sein Freund, Arbeiterjunge wie er, zur KPD ging. Dadurch entzweiten sie sich. Aber nach dem Nazispuk haben sie sich wieder versöhnt. Mutter war Lehrerin und blieb nach der Heirat 1928 notgedrungen zu Hause. Obwohl ich das einzige Kind blieb.

Wie war Ihre Kindheit unterm Hakenkreuz?

Schwierig. Meine Mutter war sehr streng, ich durfte die Eltern nur mit »Mutter« und »Vater« anreden, selbst »Mutti« und »Vati« waren verboten. Ich war ein ängstliches Kind. Nachdem ich gerade zur Schule gekommen war, wurden wir zum ersten Mal evakuiert. Wir lebten in der sogenannten Roten Zone – einem zehn Kilometer breiten und 400 Kilometer langen Streifen zwischen der französischen Grenze und den Wehranlagen des deutschen Westwalls. In dieser Zone von Basel bis Aachen lebten etwa eine Million Menschen, die noch vor dem Überfall auf Polen und in Erwartung eines Angriffs des polnischen Verbündeten Frankreich ins Reichsinnere verlegt wurden. Wir mussten, wie alle anderen auch, alles stehen und liegen lassen. Drei Rucksäcke durften wir mitnehmen, mehr nicht. Die Franzosen drangen nach der Kriegserklärung im September 1939 auf dieses Gebiet vor. Aber nicht weiter. Es folgte der berühmt-berüchtigte Sitzkrieg, also die Tatenlosigkeit der Westmächte.

Wo kamen Sie hin?

Nach Thüringen. Ich ging in Erfurt zur Schule und freundete mich mit einem Mädchen an, wir hatten einen gemeinsamen Schulweg. Doch stets wurde ich von ihr bereits vor der Tür des Vorgartens verabschiedet. Ich war Flüchtlingskind und durfte nicht ins Haus.

Hat sie das so gesagt?

Natürlich nicht. Ich war eine Fremde, ich gehörte nicht dazu. Das spürte ich. Insofern weiß ich, wie Flüchtlinge heute sich fühlen, wenn sie abgewiesen werden ... 1940, nach dem Frankreichfeldzug, durften wir wieder nach Güdingen zurückkehren. Es gab eine Entschädigung, wovon neue Möbel gekauft wurden. Das Reihenhaus, in welchem die Eltern seit 1928 lebten, war während der Besetzung geplündert worden. Das Klavier beispielsweise war weg. Ende Juli 1942 begannen die Fliegerangriffe auf Saarbrücken. Von da an heulten fast täglich die Sirenen, meist aber flogen die Bomberverbände ins Reich. Im Oktober 1943 und im Mai 1944 wurde auch Saarbrücken bombardiert. Ich verbrachte die Nächte nur noch im Luftschutzkeller. Und in steter Angst. Dann wurden wir zum zweiten Mal evakuiert, wobei ich nicht weiß, ob das wegen der Luftangriffe oder wegen der Zweiten Front geschah. Bekanntlich waren die Westalliierten im Juni 1944 in der Normandie gelandet. Also wurde die Rote Zone erneut geräumt.

Musste Ihr Vater zur Wehrmacht?

Nein. Er war im Ersten Weltkrieg verwundet worden. Allerdings arbeitete er bei der Bahn und wurde wiederholt kriegsbedingt versetzt. Mal nach Danzig, mal nach Würzburg, mal dahin und mal dorthin. Mutter unterrichtete wieder, weil die männlichen Lehrer an der Front starben. Ende November 1944 schoss die amerikanische Artillerie von Lothringen aus nach Saarbrücken. Da waren wir aber, meine ich, schon längst bei Verwandten in Bayern.

Wo war das?

In Riedenburg, zwischen Ingolstadt und Regensburg. Dort ging es uns gut. Die Verwandten besaßen ein Sägewerk. Erst später erfuhr ich, dass dort Zwangsarbeiter beschäftigt waren. Ich besuchte dort auch die Schule. Meine Klassenkameraden gingen sehr nett mit mir um, aber ich habe sie nicht verstanden. Bis heute verstehe ich Bayerisch nur sehr schlecht. Nachdem Nazideutschland kapituliert hatte und der Krieg zu Ende war, kehrten wir in die Heimat zurück. Das Saargebiet aber war nunmehr an Frankreich angeschlossen – bis es 1955 der Bundesrepublik beitrat. Diese zehn Jahre dazwischen waren meine schönste Zeit.

Die Atmosphäre, die französische Lebensweise, das Essen, die Kultur und alles, was damit verbunden war, hat mir sehr gefallen. Vor allem: Ich hatte einen Pass, der mich als Saarländerin auswies. Ich war keine Deutsche, ich war Staatsbürgerin des Saarlandes. Ich machte Abitur, studierte auf Wunsch meiner Eltern Griechisch und Latein, ich sollte und wollte Lehrerin werden. Zuerst studierte ich in Saarbrücken, dann in Heidelberg.

Weshalb in Heidelberg?

Mein Professor in Saarbrücken hatte eine Schwester dort, die mit einem Professor der Theologie verheiratet war. Und die suchten ein Kindermädchen. Also schlug er mir vor, diesen Job zu übernehmen, um damit das Studium zu finanzieren. Heidelberg war für mich damals »Ausland«.

Waren Sie als Studentin politisch engagiert?

Nein, überhaupt nicht. Allerdings regte mich dieser deutsche Nationalismus auf, der bei der Saarabstimmung herrschte und fast faschistische Ausmaße annahm. Ich wollte ein selbstständiges autonomes Gebiet wie etwa Luxemburg, und ohne NATO. Zwei Drittel der Saarländer stimmten jedoch gegen das Saarstatut, was als Votum für den Beitritt zur BRD gewertet wurde.

Wann kamen Sie erstmals bewusst mit Politik in Berührung?

Schwer zu sagen. Ich meine, dass es mein deutscher Griechischlehrer an der Schule war, der während des Krieges als Wehrmachtssoldat in Griechenland stationiert gewesen war. Der erwähnte, wohl eher beiläufig, dass es dort Erschießungen gegeben habe. Mehr nicht.

Sie fragten nicht nach?

Nein. Ich habe meinen ersten Film über Konzentrationslager auch nicht in Deutschland gesehen, sondern in Paris.

Dann kam meine Referendarzeit in St. Ingbert an einer katholischen Jungenschule, die meisten Internatsschüler strebten einen kirchlichen Beruf an. Ich war die einzige Frau und überdies noch evangelisch. Das führte zwangsläufig zu Spannungen. Der Schulleiter kam aus der Emigration, wollte aber nicht anecken.

Wo war Ihre erste Lehrerstelle?

In Lehbach, dreißig Kilometer nördlich von Saarbücken. Der Direktor war ein alter Nazi. Da gefiel es mir nicht. Ich hatte dann eine Stelle an einer Privatschule in Frankfurt am Main, die mir auch nicht sonderlich zusagte. Einmal nahm ich eine von den betuchten Töchtern mit zum Nachhilfeunterricht zu mir nach Hause. Die Schülerin stand mit ihrem Goldschmuck in meinem bescheidenen Zimmerchen, ließ den Blick wandern und sagte nur: »Hier könnte ich nicht leben.«
Ich bewarb mich am Kaiser-Friedrich-Gymnasium in Bad Homburg, ebenfalls eine Jungenschule, die eine Lehrerin für Griechisch und Latein suchte, und bekam die Stelle. Das war Ende der 50er Jahre. Die Klasse war nett, der Direktor blasiert und der Hausmeister ein Denunziant. Der lauschte an den Klassentüren und verpetzte die Lehrer beim Direktor, wenn sie etwa einmal laut geworden waren. Es entsprach diesem unsäglichen gesellschaftlichen Klima in der Adenauer-Zeit. Die Kollegen waren zum Teil alte Nazis. Dort lernte ich meinen Mann kennen, einen Kollegen. 1961 haben wir geheiratet. Nach einer Auszeit von zwölf Jahren – Erziehung von drei Kindern zu Hause, eine Oma war nicht in der Nähe – hatte ich das Glück, 1975 eine Stelle an der Humboldt-Schule, dem zweiten Gymnasium in Bad Homburg, zu bekommen.

Und 1965 zogen Sie hier ein?

Ja, im Jahr, als mein Vater an Krebs starb.

Wie lange arbeiteten Sie im Schuldienst?

Mit der erwähnten Unterbrechung bis 1999. Die Humboldt-Schule befindet sich unweit unserer Wohnung. Das Klima dort war angenehm. Ich hatte als Lehrerin viele Freiheiten, die ich nutzte, wofür ich gelegentlich von Kollegen auch angefeindet wurde. Der Direktor, ein linker Sozialdemokrat, tolerierte Aktionen gegen die Apartheid, zum Antikriegstag, gegen Nazis. Außerdem absolvierte ich ein religionspädagogisches Fernstudium, damit war es mir möglich, in der Oberstufe Ethik zu unterrichten. Und ich beschäftigte mich intensiv mit materialistischer Philosophie.

Wir reden jetzt über den pädagogischen Teil Ihres Lebens. Ich finde noch immer keine Erklärung dafür, wie ein apolitischer Mensch aus dem tiefsten Westen, der allenfalls weiß, dass eine zweite deutsche Republik existiert, sich plötzlich für dessen gestürzten ersten Mann zu interessieren beginnt. Was ist da passiert?

Für eine Festschrift zum 90. Geburtstag von Kurt Gossweiler – der leider im Mai 2017, wenige Monate vor seinem 100. Geburtstag verstorben ist – habe ich einen Beitrag verfasst, den ich überschrieb mit »Auf Umwegen zum Sozialismus«. Dort ist alles gesagt.

Erklären Sie es mir.

Es waren die evangelischen Kirchentage, die mich politisierten. Über sie kam ich Ende der 70er Jahre mit der Friedensbewegung in Berührung. Auf dem Kirchentag in Westberlin 1977 hatte ich, wenn man es so sagen will, mein »Erweckungserlebnis«. Zum ersten Mal besuchte ich die DDR, das heißt den Ostteil Berlins. Obgleich nur wenige Stunden dort, war ich fasziniert. Ich hatte das Gefühl: Hier ist mein Deutschland, meine Heimat – der Staat, in dem ich lebte, war nicht der meine. Die Freundlichkeit der Leute hat mich überwältigt.

Glück gehabt. Der Zufall hätte auch anders aussehen können.

Selbst wenn mir andere Menschen begegnet wären, weniger hilfsbereite und freundliche, wäre mein Urteil, meine ich, kaum anders ausgefallen. – Ich las, las, las – marxistische Literatur, die es in der DDR preiswert zu kaufen gab. Und ich trug mich zu einem dreijährigen Fernstudium an der Karl-Liebknecht-Schule der DKP in Leverkusen ein. Robert Steigerwald ernannte mich zum Zirkelleiter. Und ich reiste wiederholt in die DDR und lernte dort interessante Menschen kennen. Kurzum: Nach Um- und Irrwegen kam ich, dank Marx, Engels und Lenin und mit Hilfe zahlreicher Genossen – Kurt Gossweiler, Heinz Keßler, Irma Thälmann, Werner Engst, Rudi Denner … – auf den Weg zum Sozialismus.

Den es dann nicht mehr gab.

Nicht in seiner staatlichen Form als DDR. Aber damit ist ja nicht die Idee gestorben.

Da Sie sich zunächst in der Kirche engagierten: Sind Sie ein gläubiger Mensch?

Nein, nicht mehr. Ich bin aus der Kirche ausgetreten.

Im Folgenden veröffentlichen wir Ihre Korrespondenz mit Erich und Margot Honecker. Über deren Existenz haben Sie bislang nie öffentlich Mitteilung gemacht. Sie waren nicht die Einzige in Deutschland, mit denen die beiden in brieflicher Verbindung standen. Dennoch, so meine ich, unterscheidet sich Ihre Korrespondenz nicht nur wegen des Umfangs von anderen, es sind Dokumente von zeitgeschichtlicher Bedeutung. Die Briefe Erich Honeckers zeigen sein Innenleben während der 169 Tage Haft in Moabit. Es existieren handschriftliche Aufzeichnungen von ihm aus jener Zeit, die wir 2012 veröffentlichten (»Letzte Aufzeichnungen. Für Margot«), und in »Post aus Chile« ist eine Auswahl aus den mehr als 300 Mails publiziert, die Margot Honecker mit mir wechselte. Ich würde dennoch Unterschiede sehen? Sie auch?

Natürlich. Und keineswegs nur deshalb, weil die Briefe mit der Hand auf Papier verfasst wurden und nicht elektronisch. Ich besitze zwar einen Computer, aber irgendwie hasse ich dieses Gerät. Ich benutze es nur selten.
Erich Honecker befand sich damals in einer komplizierten Situation. Er war enttäuscht vom Gang der Geschichte, er war todkrank, wurde von der Justiz gequält und von der bürger-

lichen Presse gehetzt, und seine Familie saß tausende Kilometer von ihm entfernt in Südamerika. Wie und dass er das alles tapfer durchstand, wird m. E. in seinen Briefen deutlich. Deutlicher als anderswo. Und merkwürdig: In den Briefen ist er offener und persönlicher als in den »Letzten Aufzeichnungen«, die er auf Anraten seiner Anwälte anfertigte. Sie waren in erster Linie ja auch als Gedankenstütze und Hilfe für das Verfahren angefertigt worden.
Dass auch einige Briefe von mir existieren (nicht die Originale, über deren Verbleib ich nichts weiß), liegt daran, dass ich zum Teil handschriftliche Entwürfe anfertigte, die ich dann ins Reine schrieb. Einige dieser Vorlagen besitze ich noch. Im Unterschied zum Briefverkehr mit Margot: Da gibt es nur ihre Antworten.

Und warum geben Sie diese Dokumente nun zur Veröffentlichung frei?

Nun ja, ich bin auch nicht mehr die Jüngste, und wenn eines Tages meine Kinder das Haus leerräumen, weiß ich nicht, ob sie dafür ein Gespür haben. Das ist übrigens ein Problem, das viele in meinem Alter bewegt. Was wird mit all den Papieren, Büchern und Erinnerungen?
Was den Zeitpunkt betrifft: Es ist nun schon wieder 25 Jahre her, dass Erich Honecker am 29. Juli 1992 von Moskau an Berlin ausgeliefert wurde. Der Tag seiner Geburt jährt sich am 25. August 2017 zum 105. Male, und Margot Honecker wäre am 17. April 90 Jahre alt geworden, wenn sie denn nicht im Vorjahr verstorben wäre. Allemal kalendarische Anlässe, um an die beiden zu erinnern. Und warum nicht auf diese Weise?

Beelitz[2], den 24. Januar 1991

Liebe Genossen aus der saarländischen Heimat,

dass ich mich über Eure Grüße besonders gefreut habe, könnt Ihr Euch sicher denken. Es ist gut, dass Ihr, wie es sich für uns Kommunisten gehört, Euren Optimismus bewahrt. Niederlagen sind hart, und die zeitweilige Niederlage des Sozialismus in ganz Osteuropa und der Verlust der DDR wiegen besonders schwer. Aber auch ich bin sicher, es werden daraus in Deutschland und in der ganzen internationalen kommunistischen Bewegung neue Kräfte erwachsen.

Nichts war umsonst. 40 Jahre Sozialismus sind nicht aus der Weltgeschichte wegzuwischen, auch wenn es manchen jetzt so scheint. Da bleibt etwas von Erfahrungen. Jetzt, wo die Enteignungen rückgängig gemacht werden, das heißt den Arbeitern und Bauern wieder genommen wird, was sie sich rechtmäßig nahmen von denen, die es unrechtmäßig besessen haben, die die Arbeiter und Bauern ausbeuteten und es jetzt wieder tun werden, und die letztlich, weil sie im Besitz der Großindustrie waren (oder sind), um ihrer Profite willen immer wieder Kriege vom Zaun brechen, werden die Menschen langsam begreifen, dass es keinen anderen Weg gibt als den, den Kapitalismus zu überwinden.

Aber ohne zielklare Partei wird es nicht gehen. Es gibt viele Wege zum Ziel, aber einen »dritten Weg«[3] gibt es nicht. Das ist nun geschichtlich erwiesen.

Ich hoffe sehr, dass sich die Lebensumstände für meine Frau und mich in diesem Jahr verbessern. Von der deutschen Klassenjustiz erwarte ich nichts. Wenn es nach Recht geht, so kann kein Gericht der BRD Recht sprechen über den ehemals als souverän anerkannten deutschen Staat, die DDR, und dessen Staatsoberhaupt. Aber es geht zur Zeit offensichtlich nach dem Motto: Der »Sieger« richtet über den »Besiegten«. Schade, dass ich nicht mehr jung und gesund bin.[4] Aber den Kopf behalten wir oben.

Ich hoffe und wünsche, dass Ihr Erfolg in Eurer Arbeit habt und grüße Euch mit unserem

sozialistischen Gruß
Erich Honecker

1 Dieser Brief wurde von Margot Honecker auf Schreibmaschine getippt, kopiert und von Erich Honecker handschriftlich unterzeichnet.

2 Honeckers befanden sich seit April 1990 im sowjetischen Militärhospital. Die Einrichtung war 1902 als Beelitzer Heilstätten vornehmlich für Lungenkranke errichtet worden. Während des Ersten Weltkrieges war es Militärlazarett, 1916 lag dort auch ein Gefreiter namens Adolf Hitler. Im Zweiten Weltkrieg wurde das Hospital erneut Militärlazarett, nach 1945 übernahm es die Sowjetarmee bis zum Abzug 1994. Margot und Erich Honecker blieben dort ein knappes Jahr, am 13. März 1991 wurden sie mit einer russischen Militärmaschine nach Moskau ausgeflogen. In jener Zeit lebten sie in der Chefarzt-Villa auf dem Militärgelände.

3 Der »Dritte Weg« war eine seit 1920 existierende Strömung innerhalb der Arbeiterbewegung, die (bürgerliche) Demokratie und Sozialismus zu vereinen suchte. Diese Idee erfuhr in der Zeit der »Wende« eine Reanimierung. Nach dem Scheitern des sogenannten Staatssozialismus und dem historisch zum Untergang verurteilten Kapitalismus sollte eine gesellschaftliche Alternative zu beiden Systemen entwickelt werden. Für Honecker gab es nur, ganz im Sinne von Rosa Luxemburg, Sozialismus oder Barbarei und nichts dazwischen. Seine Replik hier bezog sich kritisch insbesondere auf die als »Dritter Weg« bezeichneten Bemühungen einer demokratisch erneuerten DDR, die letztlich zu deren Ende geführt hatten.

4 Honecker war 78 und litt bereits an Krebs, der noch in der DDR diagnostiziert worden war. Das geht aus einer Aussage von Außenhandelsminister Gerhard Beil hervor. Nach dem Zusammenbruch Honeckers auf dem Bukarester Gipfel des Warschauer Vertrages und der OP im Sommer 1989 in Berlin-Buch war Beil im Arbeitszimmer von Alexander Schalck-Golodkowski, und dieser schob ihm einen Zettel über den Schreibtisch »GM hat Krebs«. GM hieß Generalsekretär.

Beelitz, den 14. Februar 1991

Liebe Genossin Eva Ruppert,

Deinen »nachdenklichen« Brief haben wir mit großer Aufmerksamkeit gelesen. Über die Ursachen nachzudenken, die zu dieser schweren Niederlage des Sozialismus führten, ist wichtig und dann lohnenswert, wenn man daraus den Mut schöpft, sich für unsere Ideale, für unsere gerechte Sache auch weiterhin mit aller Kraft einzusetzen. Man muss den Kopf oben behalten.

Es war nichts umsonst. Die Welt, Deutschland eingeschlossen, wird nach dieser Erschütterung, auch nach dem Krieg am Golf[2], nicht mehr so sein wie sie war.

Man kann der Menschheit nicht verwehren, für ihre Rechte einzutreten. Noch gibt es hierzulande viel Verwirrung. Es fehlt eine Kraft, die den Menschen die Augen öffnet.

Aus Deinem Brief und Deinen mich sehr anrührenden Versen spricht so viel Verbundenheit mit den Gefühlen der Menschen und mit den Ideen des Fortschritts. Du kannst den Menschen, trotz der eigenen Ängste, Mut machen.

Hab herzlichen Dank.

Wir grüßen Dich
Erich Honecker

1 Maschinenschriftlich, von Margot Honecker getippt und von Erich Honecker unterzeichnet.

2 Dieser Zweite Golfkrieg 1990/91, einer von den USA geführten Allianz von 34 Staaten (ohne Deutschland) gegen den Irak, war der schwerste militärische Konflikt seit dem Zweiten Weltkrieg. Er fußte auf der von den Medien weltweit verbreiteten Lüge von angeblichen Gewaltexzessen irakischer Soldaten im widerrechtlich besetzten Kuweit. Diese Gräuelberichte waren von einer New Yorker PR-Firma

inszeniert worden: So berichtete eine 15-Jährige unter Tränen vor dem US-Kongress, wie sie als Krankenschwester Zeugin bestialischer Säuglingsmorde geworden war, und ein angeblicher Chirurg erzählte ähnliches vor der UNO. Die Krankenschwester war die Tochter des kuwaitischen Botschafters in den USA, der vermeintliche Chirurg Zahnarzt, der, wie er später zugab, gelogen hatte. Erstmals setzten die USA in diesem Krieg hochgiftige Uran-Munition ein (»depleated uranium«, DU, Geschosse aus »abgereichertem Uran«, das in der Atomindustrie als strahlender Müll anfiel). Die panzerbrechende Uran-Munition war ursprünglich in Deutschland entwickelt worden. Der deutsche Arzt Prof. Dr. Siegwart-Horst Günther (1925–2015) machte als Erster dieses Kriegsverbrechen im Zweiten Golfkrieg öffentlich und beschrieb auch die Krankheitssymptome.

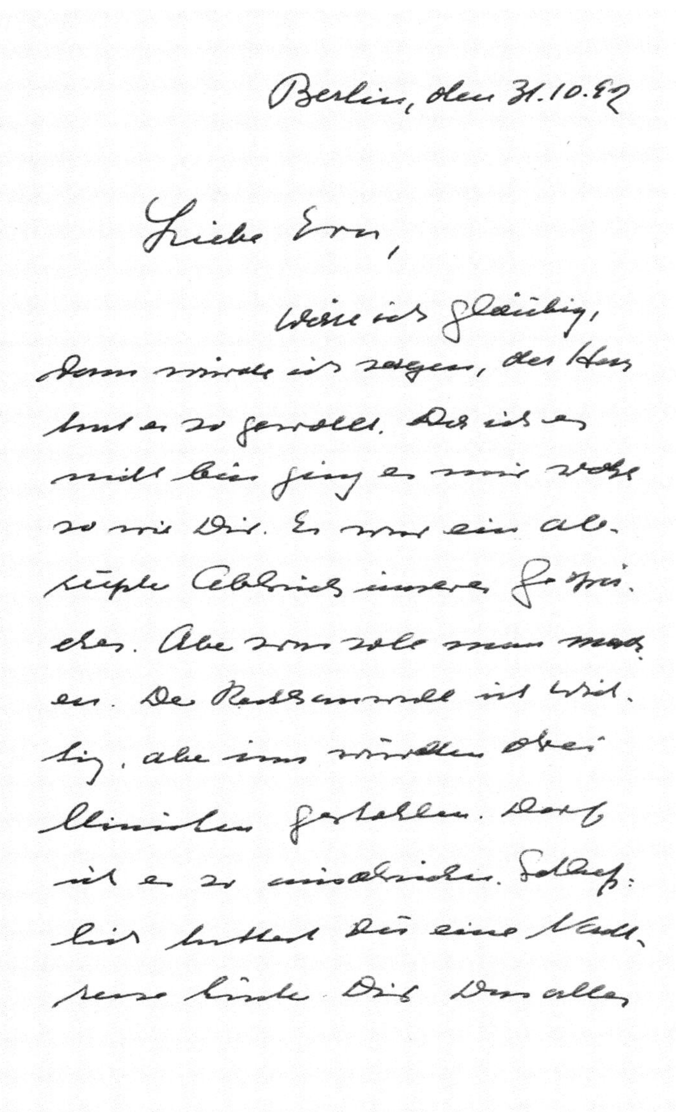
Berlin, den 31.10.92

Liebe [illegible],

Wäre ich gläubig, dann würde ich sagen, der Herr hat es so gewollt. Da ich es nicht bin ging es mir wohl so wie Dir. Es war ein abrupter Abbruch unseres Gespräches. Aber was soll man machen. Der Rechtsanwalt ist wichtig, aber uns wurden drei Minuten gestohlen. Doch ist es zu [illegible]. Schluß: [illegible]

Brief Erich Honeckers aus der JVA in Moabit vom 31. Oktober 1992, der mit der Feststellung beginnt: »Wäre ich gläubig, dann würde ich sagen, der Herr hat es so gewollt.«

Moskau[2], im Juni 1991

Liebe Genossin Eva Ruppert,

Deinen Brief vom 1. Mai haben wir mit Freude erhalten. Wie Du siehst, hat sich Deine Mühe gelohnt, die Anschrift auf Russisch zu schreiben. Wir haben uns gefreut über Deine Verse und über Deine Schilderungen von Deiner »Kleinarbeit«, den doch so notwendigen Aktivitäten. Je schwerer die Niederlage, umso mehr muss man sich in der Tat aufraffen, etwas zu tun. Nichts bewegt sich von selbst.

Es werden mehr und mehr werden, die zu dieser Erkenntnis kommen – nicht gleich, aber es wird sein. Es macht nur traurig, wenn man nicht dabei sein kann.

Erich geht es bedeutend besser als zu Beginn des Klinikaufenthaltes. Wir versuchen zumindest unsere Gesundheit zu stabilisieren, dann lässt sich anderes leichter wegstecken. Wir machen uns natürlich große Sorgen um alle unsere Genossen und Freunde, um die Entwicklung in Deutschland.

Die ganze fortschrittliche und Arbeiterbewegung muss ob der Niederlag, der Offensive des Weltimperialismus, tief durchatmen, und sie wird neue Kräfte sammeln. Es bleibt nichts wie es ist.
Der Verlauf der Geschichte vollzieht sich weiter nach objektiven Gesetzmäßigkeiten, es wird sich erweisen, dass der alte Marx die Dinge richtig gesehen und interpretiert hat.

Wir wünschen Dir auch weiterhin Mut und Zuversicht.

In sozialistischer Verbundenheit die Honeckers
Margot H.

1 Das von Margot Honecker allein unterzeichnete Schreiben ist eine gemeinsam verfasste Antwort auf einen Brief Eva Rupperts; Erich Honecker befand sich aktuell im Krankenhaus.

2 Die Honeckers waren am 13. März 1991 aus Deutschland mit einer sowjetischen Militärmaschine ausgeflogen worden. Darüber hatte Präsident Gorbatschow Bundeskanzler Kohl zuvor informiert, ohne dass dieser dagegen Einspruch erhoben hatte. Unmittelbarer Anlass war das offizielle Inkrafttreten des 2+4-Vertrages am 15. März. Ein reichliches halbes Jahr wohnten Erich und Margot Honecker nun in einer »Regierungsdatscha« in einer Waldsiedlung bei Moskau, aus der sie am 11. Dezember 1991 vertrieben werden sollten. Sie fanden Aufnahme in der chilenischen Botschaft in Moskau.

Moskau, den 28. Juni 1992

Liebe Eva,

die von Dir angekündigten 800 Zeilen haben wir noch nicht erhalten. Das hindert uns aber nicht daran, Dir unsere herzlichsten Grüße zu übermitteln, von denen wir hoffen, dass sie Dich noch vor der Reise mit Deinem Sohn nach Kuba erreichen.[1]

Unsere Grüße sind verbunden mit unserem Dank für Deine unermüdliche Solidarität, die wir seit langer Zeit von Dir auf verschiedene Weise erhalten: Deine berührenden Verse, die gleich Deinen Briefen unserer gemeinsamen Sache gewidmet sind, Deine Intervention beim Bundesministerium für Justiz, die Übermittlung des Briefes von Willi Stoph[2] in *konkret* sowie Deine ausgezeichnete, parteiergreifende Abiturrede 1985. Wir können verstehen, dass der »Herr von …«[3], der ein Plädoyer für die Vergangenheit hielt, Dich keines Blicks mehr würdigte. Für die Abiturienten war Deine Rede bestimmt eine Ermutigung für die Zukunft. Theorie und Praxis gehören, wie unsere Zeit erneut deutlich macht, doch zusammen. Dieser Wahrheit gehört, ungeachtet verschiedener Diskussionen, doch die Zukunft.

Du hast recht, in Deutschland und in der Welt vollzieht sich gerade jetzt viel Widerspruchsvolles. Von den Ereignissen hier brauchen wir Dir ja wenig zu schreiben.[4] Da bist Du bestimmt bestens informiert, machst Dir aus den Dingen, die hier laufen, ein richtiges Bild, so schwer es Menschen wie uns auch fällt. Was man täglich so hört und sieht, ist nicht immer leicht zu verdauen.

Die Lage, wenn wir mal dieses Wort gebrauchen dürfen, ist einfach zu chaotisch und erschütternd. Dies besonders, wenn man bedenkt, was die Völker der Sowjetunion in Krieg und Frieden auch im Interesse der Menschheit geleistet haben. Bei allem denken wir, gerade in dieser Zeit, an jene, die sich mit der jetzigen Situation nicht abfinden, unter ihnen auch die, die uns aus allen

Gegenden der früheren Sowjetunion Grüße übermitteln mit den Worten »No pasarán«[5].

Selbst die großen Wessis, die mit dem »großen Geld«, haben, wie man sieht, es schwer, die DDR zu verdauen. Hier wird es schwerer sein, viel schwerer. Die Ereignisse zeigen es.[6]

Du hast recht, liebe Genossin Eva, trotz unserer Niederlage ist der Sozialismus als Idee und Realität nicht auszurotten, er wird weiterleben. Dies ungeachtet dem Geschrei seiner Feinde und Verräter, die ihn nun schon seit Jahren für besiegt, für tot erklären.

Alles Gute für die Zukunft. Wir beide werden weiterhin bestrebt sein, mit Eurer Hilfe ein Ausreisevisum aus diesem Land für eine Reise in ein Land unserer Wahl zu erhalten.

Wir grüßen und umarmen Dich
Margot und Erich

1 Am Tag der Rückkehr nach Deutschland, am 29. Juli, sollten die Agenturen die Abschiebung Honeckers von Moskau nach Berlin vermelden.

2 Willi Stoph (1914-1999), von 1964 bis 1973 und erneut von 1976 bis 1989 Ministerpräsident der DDR, mitangeklagt im Verfahren gegen Honecker und Genossen. Wurde aus gesundheitlichen Gründen am 14. August 1992 aus der Haft entlassen. Im Juni 1993 wurde das Verfahren gegen Willi Stoph wegen Verhandlungsunfähigkeit endgültig eingestellt.

3 Im Original auch drei Punkte. Offenkundig handelte es sich um einen Lehrerkollegen.

4 Am 10. Dezember 1991 war den Honeckers die Aufforderung der russischen Regierung üergeben worden, das Land bis zum 13. Dezember 1991 zu verlassen. Gegen die Ausweisung protestierten beide, der Wunsch nach rechtlichem Beistand wurde von Justizminister Fedorow abgelehnt mit dem Bemerken, »es handelt sich um einen administrativen Akt, die Rechte eines Bürgers der BRD interessieren mich nicht«. Gleichlautende Schreiben an Russlands Präsident Jelzin

und den sowjetischen Staatschef Gorbatschow – am 31. Dezember 1992 sollte die UdSSR aufhören zu existieren – blieben wirkungslos. Daraufhin gewährte die chilenische Botschaft Honeckers Asyl, bis eine »Lösung« gefunden sei. Ab März 1992 versuchten chilenische Diplomaten – im Vertrauen auf ein »rechtsstaatliches Verfahren« in Berlin –, die Honeckers zum Verlassen der Vertretung zu bewegen. Es gab mehrere Gespräche, Santiago setzte einen Sonderbotschafter nach Berlin und Moskau in Marsch. Dieser informierte am 27. Juli, dass dem Botschafter Chiles in Moskau drei Tage zuvor eine Note des russischen Außenministeriums übergeben worden sei, in der die »Zurücküberstellung« Erich Honeckers an Deutschland gefordert wird. Dem war eine Verbalnote der BRD am 22. Juli vorausgegangen: »Die Regierung der Bundesrepublik Deutschland ersucht die russische Regierung unter Bezugnahme auf die zahlreichen Gespräche und wiederholten Zusicherungen der russischen Seite, ihr zu bestätigen, dass Herr Honecker nach Deutschland zurücküberstellt wird, damit er sich vor der deutschen Justiz verantworten kann. Gegen Herrn Honecker ist Anfang Juni 1992 von der Staatsanwaltschaft beim Kammergericht Berlin Anklage wegen gemeinschaftlichen Totschlages in 25 Fällen erhoben worden.«

5 ¡No pasarán! (»Sie werden nicht durchkommen!«) war der Schlachtuf von Dolores Ibárruri Gómez (genannt La Pasionaria) im spanischen Parlament nach dem Franco-Putsch 1936. Dolores Ibárruri (1895–1989) führte die spanische KP über Jahrzehnte und lebte 38 Jahre im sowjetischen Exil.

6 Anspielung auf die kapitalistische Umgestaltung der sowjetischen Gesellschaft, die Honecker als erheblich dramatischer ansah als die im Osten Deutschlands.

Berlin, den 7. August 1992[1]

Liebe Genossin Eva,

herzlichen Dank für Deinen lieben Brief, für Deinen Gruß, Deine ermutigenden Worte. Ich verspüre in ihnen die Empörung über das, was nun doch eingetreten ist, und zugleich den Optimismus, der unseren Weg stets begleitete. Wenn ich Deine Zeilen lese, denke ich immer an Erich Weinert[2].

Von Moskau aus hatte ich Dir noch auf Deinen letzten Brief geantwortet. Und jetzt bin ich da, wo mich die Gestapo vor 57 Jahren eingeliefert hat. So ist es, Eva. Was ich darüber 1991 dachte, haben die Genossen im Taschenbuchverlag herausgebracht.[3]

Was ich jetzt denke? Ich glaube, es müsste bei manchen auch der letzte Zweifel, der 1989/90 so viele plagte, verloren gegangen sein. Mir war dies nicht 1985[4], aber doch schon 1986 klar. Der »großе Reformer« hat dies zwar bewusst vernebelt, doch wenn man 1987 durch die Straßen von Moskau ging, hörte man, um mit Goethe zu sprechen, nicht nur die Steine davon reden.[5]

Eva, ich glaube, ich muss meinen Brief jetzt beenden. Ich freue mich schon auf den nächsten Brief von Dir.

No pasarán, venceremos
Erich

1 Erster überlieferter Brief an Eva Ruppert aus der JVA Berlin-Moabit. Am Nachmittag gegen 16 Uhr hatte der Chefarzt des Haftkrankenhaus, Dr. Rex, Honecker mitgeteilt, dass der Tumor bösartig sei. »Ich schreibe Margot einen Brief. Wann ich ihn absende, weiß ich noch nicht. Ich schreibe ihn mehr für mich als für sie«, notiert Honecker in seinem Tagebuch. »Es ist jetzt 20.20 Uhr. Habe noch Briefe gelesen, sortiert und beantwortet.« In diesem Brief an Eva Ruppert findet sich kein Hinweis auf den Befund des Arztes.

2 Erich Weinert (1890–1953), deutscher Schriftsteller und Lyriker, im sowjetischen Exil 1943 Mitbegründer des Nationalkomitees »Freies Deutschland«, Freund von Hanns Eisler und Ernst Busch.

3 Gemeint ist vermutlich seine von Moskau aus betreute Publikation »Erich Honecker zu dramatischen Ereignissen«, der vom Runge Verlag in Hamburg ediert wurde. Die Belegstücke erhielt er in Moabit in der Haft. Die 96-seitige Broschüre (16,80 DM) war im Spiegel vom 3. August 1992 unter der gehässigen Überschrift »Er hielt sich für den Größten. Wie Erich Honecker die Deutsche Demokratische Republik in den Abgrund geführt hat« besprochen worden.

4 Michail S. Gorbatschow war im April 1985 zum Generalsekretär des ZK der KPdSU gewählt worden.

5 Vermutlich eine Anspielung auf Perestroika und Glasnost, als deren Begleiterscheiung die schlechte Versorgungslage wahrgenommen wurde.

Bad Homburg, den 27. August 1992[1]

Lieber Genosse Erich,

nun will ich sofort schreiben, denn Dein Brief, den ich bei meiner Rückkehr vorfand, trägt das Datum vom 7. August, er war aber am 24. August abgestempelt worden. Wann mögen meine Briefe ankommen? Ob sie Dich überhaupt erreichen? [...]

Es war eine übergroße Freude, Dich zu sehen und zu sprechen und zugleich die Erschütterung und Anspannung zu erleben. (Ich hoffe, dass Dich unser Besuch und das Gespräch Dich nicht zu sehr angestrengt haben.)[2]

Die ganze Nacht danach war ich auf dem Alexanderplatz unter dem Fernsehturm mit seinen Funklichtern unterwegs und beneidete die Pfleger und Schwestern, die um Dich sein können. Beim Abschied war mir, als dürfe ich Dich nicht loslassen. Dass ich so ohnmächtig bin, will mir nicht in den Kopf.

In Berlin habe ich Freunde gefunden, großartige Menschen. Es ist wie Heimat für mich. Und die Genossen dort kämpfen. Hans[3] erinnerte mehrmals an das Goethe-Wort: »Du musst steigen oder sinken, / Du musst herrschen und gewinnen / Oder dienen und verlieren, / Leiden oder triumphieren, / Amboss oder Hammer sein.«

Ja, Hammer wollen wir sein, nicht Amboss.

Deinen langen Brief aus Moskau erhielt ich erst nach meiner Kuba-Reise, da hatte ich gerade die furchtbare Nachricht auf dem Flughafen gelesen. Daher war der Brief eine kleine Ermutigung und ein Trost. Er war lange unterwegs. Ich habe ihn tagelang immer wieder gelesen und lese ihn auch jetzt noch oft, bevor ich einschlafe. Fast kann ich ihn auswendig.

Morgen früh fahre ich nach Frankfurt, um ein paar Bücher zu besorgen. Hier gibt es nur kleinbürgerliche Literatur.

Lieber Genosse Erich, Du kannst Dir nicht vorstellen, wie sehr mich ein Brief von Dir erfreut. Und denke daran: Ich muss noch so viel lernen! Schreibe bitte so oft es möglich ist (oder gibt es da auch eine Begrenzung?).

Deine Stellungnahme zu den Moskauer Ereignissen, von der Du während unseres Besuches sprachst[4], ist richtig und wichtig. Und die Kriege in den zerfallenden Republiken sind die Konsequenz des Zusammenbruchs bzw. der Konterrevolution. Was würde Lenin dazu sagen? Er würde vielleicht gar nichts sagen, sondern handeln.

[...]

Es fällt nur schwer, unter Kontrolle zu stehen und zu schreiben. Nicht dass ich mich fürchte, aber es stört die Gedanken und man fühlt sich nicht frei. Was ist Freiheit? Goethe schrieb: »Niemand ist mehr Sklave, als der sich für frei hält, ohne es zu sein.« Das ist sehr wahr. Aber die äußere Unfreiheit schränkt eben auch die innere Freiheit ein. Ich hoffe nur, dass Du genug frische Luft hast und Bewegung.

Es tut mir so leid, dass ich die Plastik »Lesender Arbeiter«, die ich für Dich gemacht habe, Dir nicht geben konnte. Diese sowie zwei Bilder liegen jetzt bei Werner[5] in Berlin. Vielleicht kannst Du sie nach und nach über den Richter bzw. den Rechtsverwalter anfordern? So sagte man mir im Gefängnis.

Sicher hast Du die Fernsehsendung am 25. August[6] gesehen und hoffentlich Margots Erklärung gehört. Ich will Ihr gleich schreiben und berichten.

[...]

1 Zitiert nach der Vorlage.

2 Eva Ruppert hatte am 25. August mit den Mitgliedern des Solidaritätskomitees Werner Cieslak und Heinz Junge sowie Verleger Wolfgang Runge Honecker zu dessen 80. Geburtstag in der JVA besucht.

3 Hans Wauer, 1990 Mitbegründer der KPD in der DDR und langjähriger Vorsitzender, später Ehrenvorsitzender der Partei, sollte 2005 aus

der Partei ausgeschlossen werden. Er bewahrte in seiner Wohnung in der Dingelstädter Straße Anfang der 90er Jahre Dokumente aus dem Besitz der Honeckers auf. Wie der Focus 41/2002 über die die seinerzeit »entdeckte« Sammlung berichtete: »... und – das wohl wertvollste zeitgeschichtliche Dokument – etwa 20 Briefe, die die Honeckers zwischen März 1991 und Dezember 1991 geschrieben haben«.

4 »Erich Honecker zu dramatischen Ereignissen«, Hamburg 1991.

5 Werner Engst (1930–2005), langjähriger Vertrauter und Freund der Honeckers. Unterstufenlehrer, von 1964 vis 1971 Vorsitzender der Pionierorganisation, Stellvertretender Vorsitzender der UNESCO-Kommission der DDR und von 1971 bis 1989 Vize-Minister für Volksbildung und damit Margot Honeckers Stellvertreter. Seit 1992 Mitglied im Arbeitsausschuss des »Solidaritätskomitee für die Opfer der politischen Verfolgung in Deutschland« sowie Vorsitzender des Solidaritätskomitees der »Gesellschaft zur Rechtlichen und Humanitären Unterstützung e. V.« (GRH) sowie der »Gesellschaft für Bürgerrechte und Menschenwürde« (GBM).

6 Zu Honeckers 80. Geburtstag brachte diverse Sender und Zeitungen Beiträge, er erhielt viel Post (für deren Lektüre er mehrere Tage benötigte) und bekam nicht nur Besuch von Freunden wie Eva Ruppert, sondern auch von seinen drei Anwälten. Friedrich Wolff, einer von ihnen, erinnerte sich später: »Am 25. August versammelten wir uns alle drei, um unserem Mandanten zum 80. Geburtstag zu gratulieren. Er hatte noch viele Gratulanten an diesem Tag, die Besuche taten ihm sichtlich gut. Sonst waren seine Wünsche bescheiden. Von der Anstalt war er nach diesen gefragt worden. Er wünschte sich Weinbrandkirschen.«

Berlin, den 5. September 1992

Liebe Eva,

heute früh regnete es, jetzt, es ist 13 Uhr, scheint die Sonne. So ist es in meinem Leben. Auf Deine Briefe freue ich mich immer wieder. Und frage mich allerdings, wann Du das alles schreibest. Die letzten Briefe von Dir kamen am 3. 8., 10. 8., 14. 8., 18. 8., 27. 8., 29. 8. und 31. 8. Du siehst, meine Liebe, bis zum 31. 8. 92 einschließlich Lenins »Kinderkrankheiten« und die beiden getrockneten Blumen – die eine aus Kuba und das »welkende Blatt« wohl aus Bad Homburg – ist alles da. Sodann auch das Foto mit Barry, dem Hund, und, na was schon? Mit Dir. Du siehst, alles registriert.

Zu Deiner Frage: Ja, der kleine Hof gehört zum Haftkrankenhaus. Auf ihm wandle ich und denke an die Freiheit. Ich meine selbstverständlich die große Freiheit, nach der wir streben, seit wir zur roten Fahne gehören, von der Brecht geschrieben hat, dass wir sie stolz auf dem uns gestohlenen Boden pflanzen. […]

Aus Wiesbaden bekam ich in diesen Tagen einen großen Brief mit vielen Unterschriften von Mitgliedern des Bildungswerks Anna Seghers e. V. Das hat mich in zweierlei Hinsicht besonders gefreut:

1. Weil ich mit Anna Seghers[1] stets eng verbunden war und bin,
2. weil dieser Kreis gebildeter Menschen den humanistischen Zielen nachgeht, die Anna in Deutschland, in Mexiko und in der DDR verfolgte.

Der Brief maß, damit Du eine Vorstellung bekommst, 1,20 m x 2 m. Er schloss mit den Worten: »Wir werden nicht ohnmächtig zusehen, wenn der Sozialismus zum Verbrechen erklärt wird und ein neuer Zyklus imperialistischer Zerstörung eingeplant wird.«

Was meinst Du? Nicht schlecht, was?

Liebe Eva, Lenins Werk »Der ›Linke Radikalismus‹, die Kinderkrankheit im Kommunismus« ist nicht überholt. Ich habe den Text mehrmals durchgearbeitet und die Lehren für unsere Bündnispolitik 1933/34 an Rhein und Ruhr angewendet. Kaplan Dr. Cornelius Rossaint[2] war damals Führer des katholischen Widerstandes. Der *Völkische Beobachter* hatte 1937 anlässlich des Katholikenprozesses vorm Volksgerichtshof diese Verbindung zwischen katholischen Christen und Kommunisten kommentiert.

Leider muss ich jetzt schließen. Du siehst, ich habe mich noch nicht gebessert, das lässt unsere Überzeugung nicht zu.

Lass Dich umarmen
Erich

1 Anna Seghers (1900–1983), deutsche Schriftstellerin aus Mainz, Rückkehr aus dem mexikanischen Exil 1947 nach Berlin, Nationalpreisträgerin der DDR, von 1952 bis 1978 Präsidentin des Schriftstellerverbandes der DDR.

2 Joseph C. Rossaint (1902–1991) war als antifaschistischer Widerstandskämpfer Hauptangeklagter im Berliner Katholikenprozess 1936. Am 28. April 1937 wurde der Kaplan aus Oberhausen vom Volksgerichtshof wegen »versuchter Bildung einer Einheitsfront zwischen Katholiken und Kommunisten« zu elf Jahren Zuchthaus verurteilt. Nach dem Ende des Zweiten Weltkriegs quittierte Rossaint den Kirchendienst, blieb aber Priester und wurde Vorsitzender des Bundes Christlicher Sozialisten. Rossaint gehörte auch der Leitung des 1974 gegründeten »Komitees für Frieden, Abrüstung und Zusammenarbeit« an.

Santiago, den 5. September 1992

Liebe Eva,

Dein Brief und der Bericht von Eurem Besuch bei Erich[1] hat mich erreicht. Ich danke Dir sehr dafür. Es war so gut für ihn, dass so treue Genossen an diesem Tag bei ihm waren.

Deine klugen, klaren Gedanken und warmen Gefühle begleiten uns nun schon über Jahre. Ich habe mich darum für Dich gefreut, dass Du mit in der Delegation warst.

Aus Erfahrung in früher Jugend weiß ich, wie bedrückend solche Besuche im Gefängnis sind mit all den Begleitumständen. Es beeindruckt dann umso mehr, dass der »Häftling« ungebeugt ist. Erich hat sein ganzes Leben so aufrecht gelebt. Es tut weh, dass er nun von dieser Krankheit[2] heimgesucht ist. Er hat sich immer gegen Krankheit gewehrt und war entschlossen, unsere gute Sache auch in der Haft zu verteidigen. Nun müssen wir abwarten, ob das Gericht Haftverschonung gewährt.

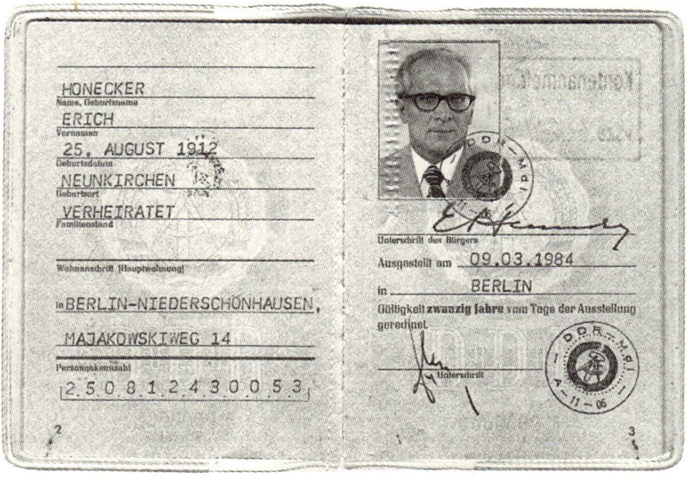

DDR-Personalausweis Erich Honeckers, ausgestellt am 9. März 1984.

An eine Aufhebung des Haftbefehls glaube ich nicht. Dazu haben sich die Politiker Großdeutschlands zu weit ins Unrecht begeben. Dies aber zuzugeben wäre zuviel verlangt von denen, die nur eines kannten und kennen: unsere Ideen auszurotten, weil deren Verwirklichung den Untergang dieser Unrechts-Gesellschaft, in der sie sich jetzt als Sieger fühlen, bedeutete.

Liebe Eva, es fällt mir sehr schwer, hier abzuwarten, wie sich die Dinge entwickeln. Ich möchte lieber bei Euch und aktiv sein. Aber ich verstehe Erich und die Genossen.[3] Was ich tun kann, das tue ich. Es ist nur so verdammt wenig.

Gut ist, dass in Deutschland und international die Solidarität wächst. Aus politischer, rechtlicher und humanistischer Sicht muss die Aufhebung des Haftbefehls, die Einstellung des Verfahrens gegen unsere Genossen laut und lauter gefordert werden.

Ich grüße Dich herzlich auch von meiner Familie

Deine Margot

1 Eva Ruppert hatte mit drei Vertretern des Solidaritätskomitees Erich Honecker zu dessen 80. Geburtstag am 25. August in der JVA Moabit besucht.

2 Am 26. August hatte im Auftrag des Gerichts Prof. Dr. Volkmar Schneider vom Institut für Rechtsmedizin der FU Berlin ein 49 Seiten umfassendes Gutachten erstattet. Darin berief sich der Gerichtsmediziner auf ärztliche Befunde und Gutachten, die in der DDR im ersten Teil des Ermittlungsverfahrens gegen Erich Honecker zu den Akten gelangt waren, sowie auf die Unterlagen des Haftkrankenhauses Moabit, darunter den CT-Befund des Krankenhauses Moabit (Prof. Taenzer), ein Schreiben der Spezialpoliklinik Moskau vom 12. Februar 1992 und ein Zusatzgutachten des Psychiaters Dr. Werner Platz sowie eigene ärztliche Untersuchungen. Zum Gutachten für das Gericht gehört auch eine Notiz über das Gespräch mit Erich Honecker. »Herr E. Honecker ist bereit, über sich und seine Erkrankungen frei zu erzählen. Es entstehen während des Gesprächs keinerlei Gesprächspausen. Herr E. Honecker spricht über seine beiden

Operationen (Gallenblase und Dickdarm sowie rechte Niere), über die Probleme bei dem ersten Versuch, die Gallenblase zu operieren (Zwischenfall bei der Narkoseeinleitung).
Er spricht über seine Klinikaufenthalte in Moskau und in Beelitz, aber auch, ohne dass er darauf angesprochen wird, über die Vorgänge, die dann letztlich zur Ausweisung geführt haben. Es seien sieben bis zehn Russen in Zivil gekommen und hätten ihn aufgefordert mitzukommen, darunter seien auch zwei Frauen gewesen, offensichtlich, weil man wohl zunächst der Annahme gewesen sei, dass auch Frau Honecker ausgewiesen werden sollte. Herr Honecker spricht über seine beiden Ehen und seine vier Enkelkinder. Auf sein Lieblingsenkelkind angesprochen, meint er, dass dieses inzwischen schon 18 Jahre alt ist und ihm einen sehr netten Brief geschrieben habe. Das Enkelkind spreche fließend Spanisch. Er gar nicht. Er könne etwas Russisch, allerdings könne er sich auf Russisch nicht mit einem Russen fließend unterhalten, wohl aber eine Zeitung in Russisch lesen. Seine Frau habe angefangen, Spanisch zu lernen. Sie könne sehr viel besser Russisch als er. Hier, in der Haftanstalt, würde er viel lesen, Bücher und Zeitungen. Früher sei er kaum zum Lesen gekommen, habe aber schon seinen Goethe und seinen Schiller gelesen und in letzter Zeit den Heym, wie er sagt. Er spricht von seiner Inhaftierung 1935 (zehn Jahre, davon anderthalb hier in U-Haft). Er spricht ferner davon, dass bei seinem Verfahren auch der Richter Rehse mitgewirkt habe, der später dann in den 60er Jahren hier in West-Berlin freigesprochen worden sei.«
Und Schneider gibt auch die Einschätzung des Chefarztes des Haftkrankenhauses wieder. »Herr Kollege Rex meint, dass es keinerlei Schwierigkeiten auf der Station mit Herrn E. Honecker gebe. Er habe mit dem Patienten einen guten Kontakt (Arzt/Patient). Herr Honecker unterzieht sich bereitwillig allen erforderlichen ärztlichen Maßnahmen.«

3 Margot Honecker hatte gegenüber Verteidiger Wolff ihre Absicht erklärt, nachdem ihr die ärztliche Prognose mitgeteilt worden war, umgehend nach Berlin zu kommen. Das wurde ihr von verschiedener Seite, auch von Erich Honecker selbst, ausgeredet.

Berlin, den 19. September 1992

Liebe Eva,

ich habe Deine Nelken gezählt. Es sind wirklich sieben. Die Briefe vom 10. 9. und 12. 9. sind auch da, und eine Karte vom 10. 9. Du siehst, ich bin ein ordentlicher Mensch.

Ganz toll fand ich Deine Bücher: Candide, Gromyko und das »Vierte Reich«[1]. Das Buch über Rosa Luxemburg habe ich zuerst verschlungen, die Briefe aus dem Gefängnis in der Barnimstraße[2]. Ich kann mir ihre Gefühle damals sehr gut vorstellen. Diese kluge, tapfere Frau.

Von Gromyko[3] habe ich gleich einige Abschnitte studiert, an denen ich besonders interessiert war. Du kannst Dir bestimmt vorstellen, welche es waren. Nun beginne ich, ihn von Anfang an zu lesen. Sei mir nicht böse: Ein bisschen schwindelt er auch, und sein Lob für Gorbatschow darfst Du nicht ernst nehmen. Bei der Abstimmung im Politbüro bekam G. nur eine Stimme mehr als Grischin[4]. Und Gromykos Abgang als Präsident war nicht freiwillig. Jedenfalls nicht so ganz freiwillig. Meinungsverschiedenheiten gab es schon bei der Ausarbeitung des Gesetzes über die örtlichen Organe. Das hat mir übrigens mein »Freund« M. S. G.[5] selbst anvertraut. Ich denke, dass er dabei ausnahmsweise einmal die Wahrheit sagte. Was man von seinem jetzigen Auftreten in Berlin[6] nicht sagen kann. Im Gegenteil. Dass er an den Kommunismus »nie geglaubt« habe – das kann man, ja das muss man ihm abnehmen. Nur gesagt hat er das damals nie. Schade. Es wäre ihm und seinem Club mit Jakowlew[7] und Schewardnadse[8] dann nicht möglich gewesen, den »Zerfall der Sowjetunion« herbeizuführen, ganz zu schweigen von der »göttlichen Minute« der Geschichte, in der die Übergabe, man kann auch sagen »der Verkauf« der DDR, bewerkstelligt wurde .

Das »Vierte Reich« von Heleno Saña ist ausgezeichnet geschrieben. Hast Du es gelesen? Jedenfalls danke ich Dir, meine liebe

»kleine Genossin«, sehr herzlich für die geistige Nahrung, die Du mir hast zukommen lassen.

Also liebe Eva, ich muss nun schließen. Briefe, Karten und sieben Nelken erhalten.

»No pasarán«, »Cuba sí«, ich grüße Dich »compañera«
recht herzlich
Erich

1 Voltaire, Candide oder Der Optimismus, Reclam; Andrej Gromyko, Erinnerungen, ECON, Düsseldorf 1989; Heleno Saña, Das vierte Reich, Rasch und Röhring.

2 Rosa Luxemburg, Briefe aus dem Gefängnis, Dietz, Berlin 1985.

3 Andrej A. Gromyko (1909–1989), sowjetischer Diplomat seit 1939, von 1957 bis 1985 Außenminister, danach, bis 1988, Staatsoberhaupt, seit 1973 Politbüromitglied. Er schlug Gorbatschow als Nachfolger Tschernenkos vor.

4 Wiktor W. Grischin (1914–1992) gehörte von 1961 bis 1986 als Kandidat bzw. Mitglied dem Politbüro des ZK der KPdSU an und war von 1967 bis 1985 der 1. Sekretär der Moskauer Parteileitung. Er galt als einer der stärksten Konkurrenten Gorbatschows im Kampf um die Nachfolge an der Staats- und Parteispitze. Es wird mehrfach überliefert, dass Grischin eine starke Aversion gegen Gorbatschow hatte, die von diesem erwidert wurde. Er wurde im Dezember 1985 von Gorbatschow als Moskauer Parteichef abgesetzt, sein Nachfolger dort wurde Boris Jelzin.

5 Michail Sergejewitsch Gorbatschow, Generalsekretär des ZK der KPdSU seit März 1985, schob Gromyko als Außenminister ab, um Eduard Schewardnadse auf dessen Platz zu setzen. Gromyko wurde Vorsitzender des Präsidiums des Obersten Sowjets. Nach drei Jahren wurde er auch dort verdrängt.

6 »Vorhin las ich, dass ›er‹ heute um 11.45 Uhr kommt. Der Mann hat keine Scham. In der Zeitung steht, er sei umjubelt worden. Später soll der Verräter ja noch einmal kommen, um die Ehrenbürgerwürde zu empfangen«, schrieb Honecker am 15. September. Gorbatschow bekam zum dritten Jahrestag des »Mauerfalls« die Ehrenbürger-

würde Berlins verliehen. Dies war in mehrfacher Hinsicht fragwürdig, zumal unmittelbar zuvor – am 29. September 1992 – verschiedenen Landsleuten diese Ehrung aberkannt worden war, etwa sowjetischen Offizieren und Soldaten, die sich bei der Befreiung Berlins vom Nazifaschismus und um den Wiederaufbau der Stadt verdient gemacht hatten: General Fjodor Bokow; die Sergeanten Michail Jegorow und Meliton Kantaria, welche die rote Fahne auf dem Reichstag gehisst hatten; Generaloberst Michail Katukow; Marschall Iwan Konew; Oberst Alexander Kotikow, Berliner Stadtkommandant; Nikolai Massalow; Marschall Wassili Sokolowski; Michail Solomatin; Marschall Wassili Tschuikow und Generaloberst Nikolai Bersarin, erster Stadtkommandant Berlins (nach Protesten am 11. Februar 2003 wieder zum Ehrenbürger erklärt). Unter den Persönlichkeiten, die ihrer Berliner Ehrenbürgerschaft verlustig gingen, war auch Erich Honecker.

7 Alexander N. Jakowlew (1923–2005), von 1973 bis 1983 sowjetischer Botschafter in Kanada. Er begleitete 1982 Gorbatschow bei dessen Reise durch Kanada. Danach wurde er nach Moskau geholt und Direktor des Instituts für Weltwirtschaft und internationale Beziehungen der Akademie der Wissenschaften der UdSSR. Er galt seitdem als Vordenker und Architekt der Perestroika. Von 1986 bis 1990 ZK-Sekretär, Mitglied des Politbüros und Gorbatschows wichtigster Berater. Es wird vermutet, dass Jakowlews Aufenthalt in Kanada und der von Gorbatschow nicht folgenlos war für den weiteren Gang der Geschichte.

8 Eduard Schewardnadse (1928–2014), von 1972 bis 1985 Erster Sekretär der KPdSU in der Georgischen SSR. Gorbatschow holte ihn nach seiner Wahl nach Moskau, er war von 1985 bis 1990 sowie Ende 1991 Außenminister der Sowjetunion und eine der Schlüsselfiguren bei der »Perestroika«. Von 1992 bis 1995 war er Staatsratsvorsitzender und von 1995 bis 2003 der zweite Präsident Georgiens. In einem Interview mit dem NDR 2011 leugnete er eine Verantwortung Moskaus für die DDR und das Schicksal Honeckers. Er erklärte zynisch, dass EH doch froh sein könne, ihm sei es schließlich nicht so wie Ceaușescu in Rumänien ergangen. Dieser war Ende 1989 mit seiner Frau Elena hingerichtet worden.

Berlin, den 5. Oktober 1992

Liebe Eva,

am Freitag[1] habe ich von Dir zwei Briefe erhalten. Ich wollte Dir sofort antworten, aber dann habe ich es nicht fertiggebracht, obwohl ich wusste, obwohl ich fühlte, dass ein Brieflein von mir von Dir erwartet wurde. Du hast bestimmt auf einen Brief von mir so gewartet wie ich auf einen Brief von Dir. Ja, und dann, schimpfe nicht allzu sehr auf mich, habe ich es doch sein lassen.[2] Ich musste erst Sicherheit haben über mich – nicht über meine Gedanken, über das, was man Gesicht nennt, über meine Gefühle, meine Gesundheit und den Grund meiner Erkrankung.

Heute weiß ich es nach allen Untersuchungen, es kann schnell mit mir zu Ende gehen, aber auch eher langsam. So ist es, liebe Eva, alles kann man mit eisernem Willen doch nicht bezwingen – den Krebs, der in mein Leben eingreift, schon gar nicht. Wenn ich ein Christ wäre, würde ich sagen: alles andere liegt bei Gott.

Das zu schreiben fiel mir schwer, solange ich noch keine Gewissheit hatte. Ich wollte es Dir schon jetzt mitgeteilt haben, damit Du die Nachricht von mir, aus erster Hand, und nicht entstellt durch die Medien erfährst, die in dieser Frage schon sooft Schlagzeilen gemacht haben, welche nicht stimmten. Aber diesmal wird es stimmen, und die Nachrichten können Dich nun nicht mehr irritieren. Deshalb jetzt auf Papier, was mir und Dir Kummer bereitet.

[...]

Deine Briefe, die hier angekommen sind, sammle ich alle in einem Hefter, meine haben ein Datum und stets habe ich darauf vermerkt, welche ich von Dir wann erhalten habe. Also keiner Deiner Briefe ist verloren gegangen. Deine Briefe bereichern meine Gedanken und Gefühle. Ich möchte gern mehr von Dir und Deinen Schülern erfahren. Ich kann mir vorstellen, dass dies ein Genuss ist. Die Federzeichnung aus Deiner Hand von Saarbrücken – ein schöner Gruß, das Gedicht – [...].

Heute sagte mir der Professor, dass nicht die vergangenen Tage wichtig seien, sondern die, die einem noch zur Verfügung stehen. [...]

Erich

Ich hoffe, dass Du meine Schrift lesen kannst, aber ich kann nicht anders.

1 Das war der 2. Oktober 1992.

2 Am 2. Oktober erfuhr Rechtsanwalt Friedrich Wolff von Honecker, dass bei einer neuerlichen Untersuchung durch den Chefarzt des Haftkrankenhauses Rex ein unerwartet schnelles Wachstum des Tumors diagnostiziert wurde. Der Umfang betrug inzwischen sieben Zentimeter. Wolff ging nunmehr von einem Ende des Verfahrens aus und informierte am selben Tag Margot Honecker in Chile. »Sofort tauchten praktische Fragen auf: Wohin sollte der Todkranke gehen, nach Chile oder nach Korea? Er zog weiter Korea vor.« Gegenüber seiner Frau erklärte Honecker am 4. Oktober: »Ich konnte nicht. Alles fiel mir mit der Zeit so schwer, auch ist alles so unbestimmt. Post – ja, mit der habe ich mich beschäftigt. Viele Briefe habe ich beantwortet, mehr als mein Geld es erlaubte. Aber mit dem, was ich in diesen Tagen hörte, womit ich mich abfinden muss, das ist – bei aller Gefasstheit – keine Kleinigkeit. Meine Zukunft ist also schon klar bestimmt durch das, was in meiner Leber wächst.«

Santiago, den 8. Oktober 1992

Liebe Eva,

[...] Von Eurer guten Solidaritätsveranstaltung und Pressekonferenz habe ich gehört. Die Presse wird natürlich alles verschweigen oder verdrehen. Wir hatten das Glück, mit Erich telefonieren zu können, die ganze Familie.

Wir hatten hier am 7. Oktober[1] eine bewegende Solidaritätsveranstaltung, organisiert vom hiesigen Komitee. Es waren ca. 200 Menschen, junge und alte verschiedener politischer Richtungen anwesend. Sie alle haben Grüße, ganz individuelle, an Erich geschrieben. Viele der Anwesenden waren als Emigranten in der DDR. Die in der DDR aufgewachsenen oder geborenen jungen Leute stimmten nach meinen Ausführungen spontan die »Internationale« an (mein Gott, wie haben wir, wie habe ich die Jugend »verdorben«). Alle im Saal erhoben sich, und es flossen die Tränen, Tränen der Trauer, des Zorns und wohl auch der Freude über das Gefühl: Wir sind da und halten zusammen. Aber all das wird ja in der Öffentlichkeit wie auch so vieles andere, was sich an internationaler Solidarität entwickelt, nicht bekannt.

Die Entwicklung nach rechts nimmt zu. Der weltweite Antikommunismus ruft nicht nur in Deutschland die Faschisten auf den Plan. Einserseits wächst die Angst und andererseits treten die Unerschrockenen oder zeitweise Schockierten und Verängstigten wieder mutiger auf. Es ist schwer zu sagen, wie lange es dauern wird, bis sich unsere Bewegung von der Niederlage erholt. Es kann dauern, aber jähe Wendungen – bezogen auf die verschiedenen Regionen der Welt – sind nie auszuschließen.

Das Schlimmste ist, dass der Revisionismus in die eigenen Reihen eingebrochen ist. Natürlich muss die Diskussion geführt werden, aber Selbstzerfleischung und »Schuld«zuweisungen helfen doch nicht weiter. Sie sind so schädlich. Der Gegner hat seine wahre Freunde daran, und dem Kampf schadet es.

Die Menschen in Ost und in West brauchen eine Partei, die ihre Alltagsinteressen vertritt, damit auch Hoffnung auf die Zukunft entsteht. Diese verdammte Nabelschau macht es so schwer, dass die Partei[2] als erkennbarer Interessenvertreter handelt.

Hier im Land geht es schwer voran. Der Kapitalismus in Chile entwickelt sich kräftig, natürlich mit all den Folgen für die arbeitenden Menschen. Die Jahre der Diktatur haben die Menschen psychisch stark geprägt. Die ehemals Illegalen sind nach wie vor mutig, die Masse aber ist politisch müde. Im Vordergrund steht die Sicherung der eigenen Existenz, vor allem bei vielen Emigranten. Sie finden keine Arbeit, fühlen sich nach 17 Jahren Exil noch nicht zu Hause. Die linken Parteien sind im Innern zerstritten oder noch nicht gefestigt. Und Pinochet[3] und seine Armee, verbunden mit starken kapitalistischen Kräften, haben noch immer viel Macht. Es ist noch viel Kampf nötig. Deshalb haben wir nicht das Recht, müde zu werden.

Natürlich lassen die Kräfte nach, und man muss ab und zu durch ein seelisches Tief. Ich warte nun voller Sorge, was mit Erich geschieht.[4] Ich glaube, sie wollen diesen Prozess, obwohl dieser die größte Dummheit ist. Gerade deshalb müssen wir weitermachen.

Sei ganz herzlich gegrüßt von
Deiner Margot

1 In der DDR wurde der 7. Oktober als »Tag der Republik« überall mit Volksfesten begangen.

2 Die nicht genannte Partei heißt PDS, die aus der SED hervorgegangen war.

3 Augusto José Ramón Pinochet Ugarte (1915–2006), ein chilenischer General, der mit Hilfe der USA und der Armee die demokratisch gewählte Regierung unter Präsident Allende am 11. September 1972 stürzte und eine faschistische Diktatur errichtete. Pinochet stand 17 Jahre an der Spitze einer Junta, die tausende Menschen ermordete, Zehntausende verschleppte und inhaftierte oder außer Landes

trieb. In dieser Zeit erfolgten mit Hilfe von »Wirtschaftsberatern« aus den USA ein radikaler Umbau der Wirtschaftsstruktur – es war der Laborversuch vor dem Neoliberalismus, der in den 80er und 90er Jahren in den kapitalistischen Staaten Einzug hielt. 1990 wurde Pinochet aufgrund eines in der Verfassung von 1980 festgelegten Volksentscheides vom chilenischen Volk aus dem Amt gewählt, 2001 ein Prozess gegen ihn eröffnet. Doch das Gericht erklärte Pinochet aus gesundheitlichen Gründen für nicht verhandlungsfähig. Der Massenmörder starb, bevor er wegen der Verbrechen während der Militärdiktatur verurteilt werden konnte.

4 Am 5. Oktober 1992 hatte das Kammergericht die Beschwerde der drei Verteidiger vom 3. September abgelehnt. Man könne keine verlässlichen Aussagen über den Krankheitsverlauf machen, Schneiders medizinische Gutachten von 26. August lasse keine zwingenden Schlüsse auf Honeckers Verhandlungsfähigkeit zu. Es werde aber ein Zusatzgutachten in Auftrag gegeben. Am 2. Oktober war dann die Untersuchung durch Dr. Rex mit dem bekannten Resultat erfolgt (s. Anmerkung 2 des vorhergehenden Briefes).

Berlin, den 8. Oktober 1992

Liebe Eva,

es ist an der Zeit, Dir einige Zeilen zu schreiben. Wie die Dinge hier laufen, ist schwer zu sagen. Das Dumme ist, dass ich aufgrund des nicht aufzuhaltenden Krankheitsverlaufs mir keine großen Hoffnungen zu machen brauche. Die Uhr tickt eben weiter ...

Wegen dem Gutachten[1] hätte ich gerne noch einige Tage mit dem Brief gewartet. Da ich aber weiß, wie Du auf ihn wartest, schreibe ich Dir heute. Wie Du siehst: mit der Hand.

Dein letzter Besuch hier war ein großes Geschenk. Ein Brief von Dir (vom 27. 9.) folgte auf dem Fuße. Meine Freude war und ist groß.

Du fragst: Optimismus oder Naivität. Liebe Eva, ich glaube, uns beherrscht der Optimismus. Jedenfalls darf man sich nicht unterkriegen lassen. Diese Lebenshaltung bestimmt mein Dasein wie das Gedicht[2], das ich von Dir erhielt.

Ja, Du hast recht, ich habe viele Verteidiger. Was mich in diesen Tagen freut – ich kann auch anderen, die mit unserer Sache irgendwie verbunden sind, Mut machen. Das freut mich ebenfalls. Du, ja, Du bist mir dafür ein Lebensquell.

Leider ist es manchmal so, dass trotzdem eine Kreislaufschwäche eintritt. Ich kann Dir dann leider nicht einen Schock ersparen. Siehst Du, so ist das im Leben. Es passieren Dinge, auf die man keinen Einfluss hat – dann bereitet man anderen Sorgen. Was kann ich dagegen tun? Nicht nur das ist meine Sorge. Also, Eva, meine Sonja hat mir dafür einen Wahlspruch geschickt, den sie für sich anwendet. Er kommt aus dem Lied von der Wolokolamsker Chaussee[3]: »In den Kampf ziehen wir nicht um zu sterben. [...] Das Leben schickt uns ins Gefecht.«

Es ist nun mal so, wie Du schreibst. Die »unglaublichen Lügen«, die unseren Weg begleiten, sind ein Teil, sind Bestandteil unserer Gesellschaft. Zu keinem Zeitpunkt meines Lebens habe ich das so empfunden wie jetzt. Und da gibt es Leute, die sind noch stolz darauf. Warum sehen sie nicht, wie ein Teil der Gesellschaft abdriftet, empfänglich wird für alte Wahlsprüche im neuen Gewand? Wenn man genau hinschaut, ist das Gewand gar nicht so neu.

Bücher? Eva, ich habe eine Reihe gelesen. Jetzt schaffe ich es nicht mehr. Ich muss hunderte Seiten von Akten durcharbeiten. Die sind alle nicht so interessant wie »Fegefeuer der Eitelkeit« und »Die Firma«. Aber durcharbeiten muss ich das schon.

Aber Du, Eva, schreibe, schreibe, es ist mir immer eine Freude, Deinen Gedanken zu folgen.

Kleine compañera, ich grüße Dich
Erich

Margot Honecker auf Kuba, wo sie sich jedes Jahr im April mit Freunden und Weggefährten aus Deutschland traf, 2012.

1 Siehe Anmerkung 2 auf Seite 51.

2 Gemeint ist »Du brauchst dich nicht zu verteidigen, Genosse«, das im Interview mit Eva Ruppert im vorderen Teil des Buches zitiert wird (s. Seite 18/19).

3 Auf der Wolokolamsker Chaussee hofften die Wehrmachtseinheiten, bis ins Herz der Hauptstadt vorzustoßen, am nordöstlichen Stadtrand Moskaus wurden sie Ende 1941 jedoch gestoppt. Damit war der deutsche Blitzkrieg gescheitert. Die Schlacht bedeutete noch nicht die Wende des Krieges, aber sie war ein entscheidender Schritt. Bereits 1943/44 wurde das Ereignis vom sowjetischen Schriftsteller Alexander Bek literarisch verarbeitet, 1962 erschien die Erzählung »Die Wolokolamsker Chaussee« auf Deutsch im Militärverlag. Heiner Müller dramatisierte den Stoff, in dem es um das nackte Überleben geht: »Entweder ich töte den Gegner, oder er tötet mich«. Der fünfteilige Textzyklus lief jahrelang in der Berliner Volksbühne. Die DDR-Singebewegung, in der Honeckers Tochter Sonja während ihrer Dresdner Studentenzeit aktiv war, verarbeitete den Stoff im Song »An der Wolokolamsker Chaussee«, dessen Refrain Honecker hier zitiert.

Bad Homburg, 15. Oktober 1992

Querido compañero[1],

gestern sollte die Entscheidung des Gerichts bzw. der Kammer gefallen sein – keine Notiz in der heutigen Zeitung *(FAZ)*.[2] Da ist sie wieder – die große (ohnmächtige) Wut. Aber wohin führt sie – im Rechtsstaat? Wir müssen also weiter für eine Selbstverständlichkeit kämpfen. Ich habe übrigens gehört oder gelesen, dass Fidel den Don Quijote sehr liebt – sicher nur in einer Hinsicht. Aber ich kann ihn verstehen.

Mach Dir bitte keine Gedanken, dass ich öfter schreibe als Du. Lesen und Schreiben ist eine Strategie gegen die Traurigkeit, wenn man nicht reden kann. Wenigstens in meinen Briefen möchte ich Dir nah sein, so wie Du mir in den Deinen.

Und die Musik ist ein »medicamentum dolcerum«, wie ich einmal auf einem Cembalo las. Gerade höre ich Mozarts Flötenkonzert Nr. 1 – Heiterkeit über Abgründen.

Da ich die Ratio stets gut gepflegt habe, denke ich, dass es dem Kummer nicht gelingen wird, den Kampfgeist zu vertreiben.

Nächste Woche beginnt die Schule, auch da gilt es zu kämpfen. Und jeder Freitag ist für mich ein freier Tag, das eröffnet Möglichkeiten.

So, und jetzt, um mit Bach zu sprechen: »Weicht, ihr Trauergeister!« Und: »Aus dem Funken wird die Flamme schlagen.« (Ist aber nicht von Bach.) Dzierzynski, der Geschmähte, sagte: »Große Schwierigkeiten müssen mit zehnfacher Energie überwunden werden.« Es lebe unser gemeinsamer Kampf für die gerechte Sache, für die wir uns einsetzen, bis sie siegen wird. Dazu brauchen wir Dich!

Ich schließe den Brief mit einem Zitat aus dem kleinen Büchlein »An alle – an alle – an alle!« (Militärverlag der DDR 1988):

»Prachtvoll sind die Menschen, die das gewöhnliche Leben schon längst hinter sich haben und die plötzlich zu dem Zeitpunkt, an dem der Vorhang zu fallen und Dunkelheit und Schlaf zu beginnen pflegen, gegen alle Regeln beginnen, jugendfrischen Lebensmut zu zeigen.«

Ich umarme Dich
Eva

P. S.: Ich hoffe, Du hast den sechsseitigen Brief (viel zu lang!) erhalten. Und die Kassetten. Die Bücher brauchen sicher etwas länger. Gleich werde ich an Margot schreiben. Die Post dorthin braucht ja einige Zeit.

1 Lieber Genosse.

2 Das Landgericht ignorierte den am 15. Oktober von Honeckers Anwälten gestellten Antrag – und deshalb konnte am gleichen Tag dazu auch nichts in der Zeitung stehen –, aufgrund seines Gesundheitszustandes »das Hauptverfahren gegen Herrn Honecker nicht zu eröffnen«.

Berlin, den 21. Oktober 1992

Liebe Eva,

Du wirst bestimmt auf einen Gruß von mir warten, einen schriftlichen, denn die anderen sind, wie Du weißt, ja immer zu Dir unterwegs.

Gestern habe ich nun Deinen Brief erhalten. Er liegt jetzt neben mir und will offensichtlich prüfen, ob ich die richtigen Worte auf die Deinen finde. Mir ging es nach Deinem Besuch so wie Dir. Ich hatte Sorge, ob es richtig war, Dich so mit meinen Dingen zu überfallen.[1] Aber einmal musste es ja auch sein, und da die Presse gegenwärtig, was das Gutachten betrifft, mehr weiß als ich, ist es gut, dass Du wenigstens weißt, was Dichtung und was Wahrheit ist. Die Wahrheit, die dann bleibt, ist ja auch keine gute. Weißt Du, der Gedanke, dass ich an meiner Verteidigung, an der Verteidigung der DDR durch die Krankheit, das heißt durch Schwäche gehindert werde, das macht mir große Sorge.

Gestern, so nach 22 Uhr, erhielt ich die Nachricht, die Du inzwischen auch kennst. Also nun ist die Hauptverhandlung für den 12.11.1992 angesetzt, um wohl den Wettkampf mit dem Tod zu gewinnen.[2] Das Dumme ist, ich weiß nicht, ob dem so sein wird. Die Experten wissen das wohl auch nicht. [...]

Übrigens, Daniel Ortega[3] war da. Das war eine große Überraschung und Freude. Dort hat man die DDR nicht vergessen. Es wächst eine Generation von Sandinisten heran, die lesen und schreiben kann. Auf diesem und anderen Gebiet war die DDR eine große Hilfe, wie er sagte. Ich denke, unsere Freunde und Genossen waren auch über Ortegas Besuch erfreut, als sie diese Nachricht hörten. Die Solidarität ist eben eine große Sache.

Eva, ich muss jetzt besser schließen, sonst kannst Du meine Schrift nicht mehr entziffern.[4] Das nächste Mal werde ich alles andere nachholen.

Es freut mich, das muss ich Dir sagen, dass Du Dir so viele Bücher kaufen konntest. Bin gespannt auf die Diskussion. Auf die Fragen Deines Sohnes und Deiner Schüler auch.

No pasarán!
Erich

1 Eva Ruppert hatte Honecker am 9. Oktober besucht. Dabei informierte er sie über die aktuellen ärztlichen Befunde.

2 Am 23. Oktober eröffnete die 27. Strafkammer unter Vorsitz von Richter Hansgeorg Bräutigam das Verfahren gegen Honecker und andere. Von den ursprünglich 68 Anklagepunkten wurden nur 14 zum Gegenstand des Verfahrens gemacht, die übrigen wurden abgetrennt. Die vermutete Lebenszeit Honeckers ließ nicht mehr zu. Drei Tage später, am 26. Oktober, sollte ein neuer Haftbefehl verkündet werden. Friedrich Wolff: »Honecker war bei der Verkündung ungeduldig und erregt. Der Vorsitzende verbot ihm, sich mit Mielke zu unterhalten. Darauf bemerkte Honecker: ›Das ist ja schlimmer als beim Volksgerichtshof, da durfte ich mit Bruno Baum sprechen.‹«

3 Daniel Ortega führte die sandinistische Befreiungsbewegung FSNL in Nicaragua, die 1979 das Somoza-Regime stürzte. Er stand bis 1985 an der Spitze einer Militärregierung, von 1985 bis 1990 war er gewählter Staatspräsident. Danach wurden die Sandinisten abgwählt, was nicht zuletzt der Embargo-Politik der USA und dem von ihr unterstützten Anti-Sandinisten, den sogenannten Contras, im Bürgerkrieg geschuldet war. Beim Besuch in Berlin war der Ex-Präsident Oppositionsführer im Parlament. 2006 sollte Ortega zum zweiten Male zum Präsidenten gewählt werden, 2011 und 2016 erneut. 2008 verlieh er Margot Honecker nicht zuletzt für die seit 1980 gewährte Hilfe bei der Alfabetisierung Nicaraguas den Orden für kulturelle Unabhängigkeit Ruben Diario.

4 Mit dem Fortschreiten der Krankheit wurde Honeckers ohnehin nur schwer entzifferbare Schrift immer fahriger und damit unleserlicher. Eine erkennbare Verschlechterung trat auch beim Schreiben eines Briefes auf. Je länger sich Honecker konzentrierte, desto breiter lief die Schrift.

Berlin, den 31. Oktober 1992

Liebe Eva,

wäre ich gläubig, dann würde ich sagen: Der Herr hat es so gewollt. Da ich es nicht bin, ging es mir wohl so wie Dir: ich war verärgert über den abrupten Abbruch unseres Gespräches.
Aber was soll man machen? Der Rechtsanwalt ist wichtig.
Uns aber wurden drei Minuten gestohlen.[1] Außerdem hattest Du eine Nachtreise hinter Dir. Das alles passte nicht ganz in die Landschaft, wie wir zu Hause sagten.

Bist Du auch gut wieder daheim angekommen?

Ich freue mich über Deine Begeisterung für die vielen, vielen Bücher, die Du Dir angeschafft hast. Das ist eben das, was stimuliert. Gespannt bin ich, ob Dein Buch über Inessa Armand[2] bei mir ankommen wird. Nachdem, was Du mir erzählt hast, werde ich es wohl mit der gleichen Begeisterung lesen.

[...]

Heute ist Sonnabend. Am Montag geht mein Brief an Dich weg.

Grüße bitte alle Freunde und Genossen von mir.

Viele Grüße
Erich

1 Das vorzeitige Erscheinen eines namentlich nicht genannten Verteidigers hatte den Besuch von Eva Ruppert um drei Minuten verkürzt, was zu dieser Unmutsbekundung führte. Zwei Tage zuvor hatten sich alle drei Verteidiger Honeckers im Büro von Friedrich Wolff in der Wilhelm-Pieck-Straße getroffen. Wolff, Wolfgang Ziegler und Nicolas Becker waren sich darin einig, »dass die Anklage inhaltbar, aber politisch umso erwünschter war. Das hieß, die Verteidigung hatte gute Argumente, aber schlechte Karten.« (Friedrich Wolff) Der

Besuch in der JVA diente offenkundig der Information über die Beratung und die nächsten Schritte.

2 Inessa Armand, eigentlich Inès Elisabeth Armand (1874-1920), eine in Frankreich geborene russische Revolutionärin, die mit Lenin, den sie 1909 in Paris kennengelernt hatte, intensiv zusammenarbeitete und verschiedene Aufträge für ihn und die Bolschewiki erledigte. Sie wurde an der Kremlmauer zwischen dem Journalisten John Reed und dem Kinderarzt Iwan Russakow beigesetzt. Bei der Publikation, auf die Honecker Bezug nahm, handelte es sich vermutlich um die deutsche, bei Dietz in Berlin 1987 erschienene Übersetzung von Pawel Podljaschuks »Inessa: ein dokumentarischer Bericht über das Leben der Inès Armand«.

Berlin, den 6. November 1992[1]

Liebe Eva,

heute bekam ich gleich zwei Briefe. Du siehst, die Post meint es gut mir mir. Die Freude war groß. Nun weiß ich nicht genau, ob Du meinen Brief schon erhalten hast, den ich gleich nach Deiner Abreise von hier Dir nachgeschickt habe. Immer unter dem Gesichtspunkt, dass es mir aufgrund des Abbruchs Deines Besuches mir genauso elend erging wie Dir. Das konnte ich Deinem Brief entnehmen. Es wäre anders auch nicht denkbar. Der Eingriff in unsere Besuchszeit war zu grob, ein anderes Wort dafür gibt es nicht. Das wirst Du auch an meinem Verhalten bemerkt haben. So etwas darf man einfach nicht zulassen. [...]

Diesen Brief kann ich aber erst am Montag abgeben.

Sei vielmals gegrüßt
Erich

P. S.: Heute habe ich auch Grüße bekommen von einer Front der Unabhängigen in Belgien

1 An diesem Tag, einem Freitag, notierte Honecker in sein Tagebuch: »Besuch von Gerhard und Gisela[2]. Habe beide fest umarmt. Sind doch prächtige Genossen. Bedauerlich, den körperlichen Verfall von Gerhard zu erleben. Gisela ist sehr hellwach. Sie freuten sich über die Reaktion der Fodorová.[3] Es sei gut, dass sie Jüdin ist: Das mache ihre Aussage unangreifbar, sagt sie. 15 Uhr kamen Erika[4] und Wolfgang[5]. Ich nahm sie beide in meine Arme. Wolfgang rief von hier Richter Bräutigam an, um die Gelegenheit zu nutzen. [...] Soeben waren auch Edith und Manne[6] da. Es gab viel Neues. Edith ist eine kämpfende Seele, sie gefällt mir sehr. Sie ist wie Gerhards Gisela: Arbeiterfrau – Frau mit Charakter und Mut. Das ist viel wert, besonders heute. Sie wird nicht dem Druck nachgeben. Es dürfte bald klar werden, dass

sich die Leute im Osten nicht ewig unter dem Fallbeil »Stasi« beugen werden.[7]«

2 Gerhard und Gisela Rolack. Gerhard Rolack gehörte zu den Mitbegründern der FDJ und war seit den 40er Jahren mit Erich Honecker verbunden. Beide gehörten zu den Ersten, die die Honeckers in Lobetal und später in Beelitz besuchten. Rolack ist inzwischen verstorben, Gisela Rolack war später einmal besuchsweise in Chile bei Margot Honecker.

3 Am 22. November 1990 hatte die Illustrierte *Stern* über Honeckers vermeintliche »Lebenslüge« berichtet. Die Historikerin Monika Kaiser wollte den Gestapo-Akten von 1935 entnommen haben, dass Honecker im Verfahren seine Genossen schwer belastet habe. »Besonders verhängnisvoll erwies sich Honeckers Verhalten in den Verhören für die Jüdin Sarah Fodorová.« Auch wenn die Kurierin aus Prag, die beim Treffen mit Honecker am 3. Dezember 1935 observiert und ebenfalls verhaftet worden war, in diesem Prozess freigesprochen wurde – was der These des *Stern* widersprach –, hatte der ehemalige DDR-Staatsanwalt Peter Przybylski in die gleiche Kerbe gehauen: »Der Freispruch für die Jüdin Sarah Fodorová dürfte sie kaum vor der Gestapo gerettet haben.« Nunmehr meldete sich also die Totgesagte aus Israel: »Ich wurde im Dezember 1935 verhaftet und vor das Nazi-Volksgericht gestellt, zusammen mit Bruno Baum, Erich Honecker und anderen. Ich bin vom Gericht freigesprochen worden aus Mangel an Beweisen. Dies geschah dank der Aussagen und des Verhaltens von Honecker, der, was mich betrifft, mich nicht belastet noch verraten hat, im Gegenteil: Er hat meine Aussagen bestätigt. Herrn Honecker habe ich im Leben viermal gesehen, davon zweimal auf der Straße, einmal im Kaffeehaus, das vierte Mal während des Prozesses. Außer im Gerichtssaal waren unsere Begegnungen sehr kurz. Nach der Freisprechung kehrte ich in die Tschechoslowakei zurück, dann lebte ich in den USA, wieder in der Tschechoslowakei, und seit ungefähr 24 Jahren lebe ich in Israel – also keine Schutzhaft nach dem Gericht, kein KZ, kein Tod durch Gas.« Im Juni 1992 machte sich ein Reporter der *Bild am Sonntag* auf nach Israel, um mit Sarah Fodorová-Wiener zu sprechen. Sie erklärte ihm: »Ich verdanke Honecker mein Leben. Daran besteht für mich überhaupt kein Zweifel. Auch wenn ich mit manchen politischen Entwicklun-

gen in seinem Land nicht einverstanden war, werde ich ihm das und sein tapferes und mutiges Auftreten vor dem Nazi-Tribunal niemals in meinem Leben vergessen und ihm dafür immer dankbar sein. Manches, was jetzt in Deutschland nach der Vereinigung geschieht, kann ich aus der Entfernung nicht richtig beurteilen. Aber ich kann mir nicht vorstellen, dass man einen alten Mann, der für seine politische Überzeugung, ich glaube zehn Jahre, im Nazi-Kerker gesessen hat, noch einmal einsperrt. Nein, das kann ich nicht glauben. Ich kann auch nicht verstehen, wie verantwortungslos Ihre Zeitungen schreiben.« Diese Klarstellung erschien damals weder in der *Bild am Sonntag* noch im *Stern* oder überhaupt.

4 Erika Wildau, die Tochter aus Honeckers erster Ehe.

5 Rechtsanwalt Wolfgang Vogel (1925–2008), als deutsch-deutscher Unterhändler ein Vertrauter Erich Honeckers. Er hatte 1990, nach dessen Verhaftung in der DDR, Honeckers Verteidigung übernommen, nach dem Beitritt keine Zulassung als Anwalt beantragt und darum das Mandat niedergelegt. Seit 1992 wurde gegen ihn ermittelt wegen des Verdachts der Erpressung: Ehemalige DDR-Bürger, denen Vogel bei der Ausreise geholfen hatte, zeigten ihn an, er habe sie genötigt, ihre Häuser abzugeben. Nach neun Jahren sprach ihn der BGH frei, gegen etliche Zeugen ermittelte die Staatsanwaltschaft wegen Falschaussage.

6 Edith und Manfred Feist, Honeckers Schwager.

7 Möglicherweise Replik auf die aktuelle Diskussion in den Medien im Vorfeld der Entscheidung über das Berliner Landes-Stasi-Unterlagengesetz, das am 20. November 1992 vom Berliner Abgeordnetenhaus beschlossen wurde.

Berlin, den 8. November 1992

Liebe Eva,

diese Zeilen werden Dich wohl nicht vor dem 12. 11. 92 erreichen.[1] Wie dem auch sei, ich schreibe Dir trotzdem, weil ich weiß, dass Du nach Deiner Rückkehr nach einem Brief Ausschau halten wirst. Dann ist es doch gut, wenn einer da ist. Honi soit qui mal y pense![2]

[…]

Es gibt da ein schönes Lied. Ganz bestimmt kennst Du es. Oder nicht? »Du hast ja ein Ziel vor den Augen, damit es einmal besser werden wird.«[3] Und darum geht es ja auch letzten Endes. Im Grunde haben wir, habe ich ja immer gekämpft, dass es den anderen besser gehen wird. Das, so denke ich, ist doch unsere bleibende Idee. Und es freut mich, dass Du zustimmst.

Ja, vom Fernsehturm[4] kann man die Hauptstadt so richtig überblicken. Am östlichen Horizont Berlin-Hohenschönhausen, Berlin-Marzahn, Berlin-Hellersdorf. Jetzt Wohnungen für 430 000 Berliner oder welche, die es wurden. Durchschnittsalter 25 Jahre. Ich kenne die Gegend, ich kenne die Wohnungen. Schon damals, nach der Einweihung der zwe millionsten Wohnung im Rahmen des Wohnungsbauprogramms[5], hatte ich den Wunsch, mal dort zu wohnen. Das sind drei Großstädte in Berlin, wie man sagt. 30 000 neue Wohnungen im Jahr. Allen wird heute das ganze Dilemma klar: 30 000 gegen 3000 jetzt.[6] Ein Glück, dass uns das noch gelungen ist. Ein Jahr später und die Wohnungsfrage wäre in der Hauptstadt gelöst worden. Der Prenzlauer Berg wäre heute ein einziger Bauplatz.

Weißt Du, was mich heute besonders freut? Der Bauingenieur Kaiser hält engen Kontakt zu mir. Er und seine Kameraden. Das ist für mich mehr als ein Symbol, das sind die engen Beziehungen, die sich nur unter sozialistischen Verhältnissen entwickeln konnten.

Man kann die DDR durch die Denkmalstürmer nicht einfach aus der Geschichte schreiben. Sie wird in alle Zukunft wirken. Die Horrorgeschichten, die in den BRD-Fernsehproduktionen zu sehen sind, werden in den Archiven verschwinden, die Wahrheit über die DDR wohl kraft der neuen Gedanken und Gefühle, die sie hervorbrache, weiterwirken.

»Mythos und Resultat des Westwalls«[7]: Ich habe ihn aus den bekannten Gründen nie gesehen, nie erlebt. Schließlich war ich in Deutschland von 1935–1945 zwangsweise nicht würdig, sowohl im Frieden als auch im Krieg das III. Reich zu verteidigen. Das III. Reich, das muss man schon so schreiben, denn ich kannte schon frühzeitig den Unterschied zwischen Deutschland und Deutschem Reich III.

Schön, dass Du auch an Margot schreibst. Ich glaube, sie braucht gerade jetzt viel Zuspruch, Und Dir, liebe Eva, verspreche ich, dass ich keinen einzigen Brief vergessen werde.

Ich hoffe, dass Du den Brief lesen kannst.

Alles Gute und Schöne
Erich

1 Beginn der Hauptverhandlung gegen Honecker, Mielke, Keßler, Streletz, Albrecht und den abwesenden Stoph.

2 Honi soit qui mal y pense = wörtlich: Beschämt sei, wer schlecht darüber denkt, im Deutschen als »Ein Schelm, wer Böses dabei denkt« gebräuchlich.

3 Dieser sehr komprimierte, sehr frei zitierte Vers aus dem Lied von Louis Fürnberg geht im Wortlaut so: »Du hast ja ein Ziel vor den Augen, damit du in der Welt dich nicht irrst, damit du weißt, was du machen sollst, damit du einmal besser leben wirst.«

4 Eva Ruppert hatte nach dem Besuch im Haftkrankenhaus den Fernsehturm besucht und darüber berichtet.

5 Das Wohnungsbauprogramm war 1973 in Angriff genommen worden. Bis 1990 sollte die Wohnungsfrage als soziales Problem gelöst werden. Es gab in der deutschen Geschichte nichts Vergleichbares,

und bis 1989 wurden auch tatsächlich etwa zwei Millionen Wohnungen errichtet, die faktisch ein Geschenk des Staates an seine Bürger darstellte, denn die Miete war kostendeckend weder bei der Refinanzierung noch beim Unterhalt.

6 In der »Wende« ging der Neubau dramatisch nicht nur in Berlin zurück. Da unter kapitalistischen Bedingungen Wohnungen Spekulationsobjekte sind, wird nicht vorrangig aus sozialen Gründen gebaut, sondern um eine Maximalrendite zu erwirtschaften. Deshalb fehlen in den Großstädten bezahlbare Wohnungen, obgleich unablässig gebaut wird.

7 Vermutlich handelt es sich um einen Film, den Honecker im Fernsehen in der JVA Moabit gesehen hatte. Bezüge solcher Art finden sich oft spontan in seinen Briefen, er reagiert in gleicher Weise auf Stichworte in Briefen Eva Rupperts, die aber nicht vorliegen.

Santiago, den 15. November 1992

Liebe unermüdliche Eva,

zwei Briefe von Dir mit Deinem so ins Schwarze treffenden Gedicht sind bei mir angekommen. Du musst nicht denken, dass die vielen scheinbar kleinen Aktivitäten nichts bewirken. Gerade diese tausend kleinen Schritte sind es, die den großen Weg bahnen.

Heute ist der zweite Anlauf zum Prozess.[2]

Hoffentlich kann Erich seine Erklärung[3] abgeben. Was ich von Dir und den Genossen höre, ist wenig erfreulich. Die Menschen sind so ängstlich, weil die Einschüchterung oder besser: die raffinierten Methoden, die Menschen zu verunsichern, schon wieder so groß ist.

Mein größter Kummer ist, dass bei allen Fortschritten die Partei (die DKP) noch so geschwächt ist, so viele Genossen sind müde geworden. Und die neuen kleinen kommunistischen Parteien haben es auch noch schwer, den rechten Tritt zu finden. Dennoch, wenn die Lage der Menschen in Ost und West sich weiter verschlechtert, wird und muss die kommunistische Bewegung wieder Schritt halten. Es ist halt jetzt viel Kleinarbeit nötig.

Es ist eine gute Idee, was Du mit Deiner antifaschistischen Ausstellung vorhast. Ja, wir müssen die Jungen erreichen, Denkanstöße geben. Und wenn es auch erst Wenige sind, die so erreicht werden – es lohnt sich.

Ich verstehe Dich so gut, dass Du manchmal ungeduldig wirst. Mir ging es 1945 in der Arbeit mit einer verwirrten, politisch unwissenden Jugend ebenso. Aber wir müssen Geduld haben und Ausdauer. Unser Weg aus diesem Chaos wird lang und mühsam sein. Wir sollten uns nicht schonen, unsere Kräfte aber auch nicht verschleudern. Du wirst gebraucht, Du darfst Dich nicht kaputtmachen, liebe Eva. Ich versuche es auch.

Sei herzlich umarmt von Deiner Margot

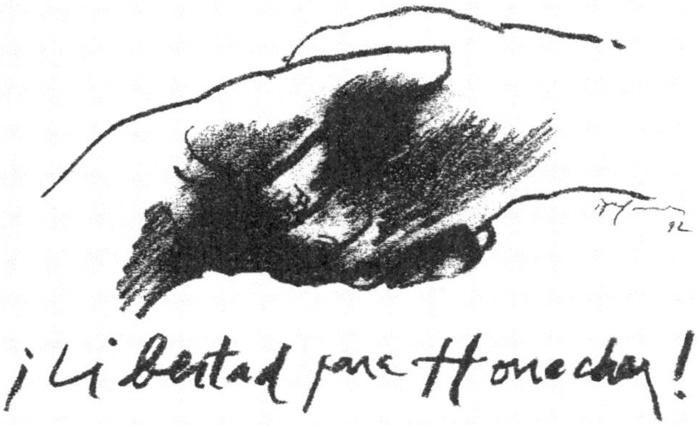

Dem Brief Margot Honeckers vom 15. November 1992 beigelegtes Blatt eines unbekannten chilenischen Grafikers: »Freiheit für Honecker«.

1 Handschriftlicher Brief

2 Am Donnerstag, dem 12. November, begann 9.30 Uhr der erste der drei Politbüro-Prozesse. Vorm und im Saal drängten sich etwa zweihundert Journalisten. Aber auch viele Weggefährten und Freunde der Politiker, die auf der Anklagebank saßen – Honecker, Mielke, Keßler, Streletz und Albrecht –, waren erschienen und bekundeten ihre Solidarität. Die Sitzung endete bereits nach 45 Minuten. Der zweite Prozesstag wurde für Montag, den 16. November, anberaumt.

3 Erich Honecker arbeitete seit Wochen an dieser und gelegentlich in der Korrespondenz erwähnten Erklärung. Er sollte sie am 3. Dezember vortragen.

Berlin, den 22. November 1992

Liebe Eva,

Glück muss man haben. Ich bekam am Freitag gleich zwei Briefe von Dir. Am liebsten hätte ich sofort zurückgeschrieben, um Dir das zu melden. Da ich die Post aber erst morgen abgeben kann, schreibe ich Dir jetzt nach dem Frühstück am Sonntag.

Meine Hand ist aberzittrig, ich hoffe, dass Du meine Schrift trotzdem lesen kannst.

Jedenfalls recht herzlichen Dank für Deinen langen und für Deinen Schnellbrief. Beide kamen, obwohl mit Abstand am 14. November und am 16. November geschrieben, zur gleichen Zeit auf meinen Tisch. Sofort habe ich mich auf sie gestürzt und beide gelesen.

Am 16. November war der zweite Verhandlungstag.[1] Es ist gut, dass Du weißt, wie alles abläuft.

Weißt Du, Verhandlungsunfähigkeit wäre für mich keine reine Freunde, aber wie es jetzt ist, ist es auch keine. Die ganze Sache fängt an, makaber zu werden.[2]

Jetzt wird eine erneute ärztliche Untersuchung stattfinden. Man will das Datum, den Termin wissen, wann ich sterbe.[3] Das hält der stärkste Mann nicht aus, obwohl ich ja schon einiges durchgemacht habe in den letzten drei Jahren. Seit Juli 1989 bin ich von einem Krankenhaus ins andere Krankenhaus gekommen. Nur kurz konnte ich Erholung finden an den Ufern der Moskwa. Und jetzt hier im Gefängniskrankenhaus. Ich muss doch gehegt und gepflegt werden für den Schauprozess, obwohl Schäuble[4], mein früherer Verhandlungspartner und dessen Büro sagte, es sei keiner. Nun, er muss es wissen. Vom Rechtsstaat keine Spur. Jedenfalls muss die Volksseele kochen, muss am Kochen gehalten werden. [...]

Wir haben der DDR und dem Sozialismus gedient, dem schönsten Abschnitt in der deutschen Nachkriegsgeschichte.

Im Übrigen, liebe Eva, sei nicht traurig. Mir hat der Schwächeanfall, der Kreislaufkollaps, auch nicht gefallen, dem Arzt auch nicht. Was soll man machen, es muss weitergehn. Sagen möchte ich Dir, dass es mich sehr freute, als ich Dich im Saal sah. Die Presse hat das ja auch registriert. Aber das macht nichts.

Das Wichtigste ist, dass wir nicht umsonst gelebt haben. Das steht aber schon heute fest, es wird noch in die Zukunft wirken. Ich hoffe, dass mir noch Kraft bleibt, um durchzuhalten.

Meine liebe »Compañera«, ich habe jede Zeile Deines Briefes in mich aufgenommen. Kann Dir sagen, dass ich zum Bücherlesen mehr Zeit habe. Ich habe jetzt das Buch »Fegefeuer der Eitelkeiten« von Tom Wolfe[5] gelesen. Solltest Du es nicht kennen, solltest Du es lesen. Dann wirst Du verstehen, warum ich es Dir empfehle.

Nun, meine Liebe, ich muss Schluss machen für heute.
Ich denke an Dich und umarme Dich

Erich

1 Am 12. November hatte die Hauptverhandlung gegen Honecker und Genossen vor dem Moabiter Schwurgericht begonnnen. Vier Tage zuvor hatte die *Bild* anstandslos auf der ersten Seite geschrieben: »Krankenakte beweist den nahenden Tod.« Darunter die Headline: »Das ist Honeckers Leber« und daneben eine Ultraschall-Aufnahme vom 1. Oktober.

2 Der 2. Verhandlungstag bestand im Wesentlichen aus dem 70-minütigen Vortrag eines Befangenheitsantrages durch Verteidiger Ziegler. Nach der zweistündigen Sitzung, die Erich Honecker sichtlich erschöpft hatte, erklärte der Vertreter eines Nebenklägers, Rechtsanwalt Plöger, gegenüber der Presse, er bezweifle, dass der Angeklagte, der sich Honecker nenne, tatsächlich Honecker sei. Er vermute vielmehr, es handele sich um ein Double. Der »richtige« Honecker sitze »derweil in Chile bei Margot«, zitierte ihn die *Berliner Zeitung* am 19. November.

3 Der Sachverständige Dr. Platz hatte gefordert, Honecker in die Obhut der Familie zu entlassen, um ihm die einzig mögliche Therapie,

nämlich die Betreuung durch seine nahen Angehörigen zu ermöglichen. Das Gericht setzte sich über das gesundheitliche Gutachten hinweg und forderte ein neues.

4 Wolfgang Schäuble, von 1984 bis 1989 Chef des Bundeskanzleramts, war wiederholt politischer Gesprächspartner von Honecker; als Bundesinnenminister (1989–1991) war er auch für die Verfolgung von DDR-Exponenten zuständig. Am 12. Oktober 1990 war Schäuble Opfer eines Attentats geworden, seither sitzt er im Rollstohl.

5 Der in den 80er Jahren erschienene Roman, eine Gesellschaftssatire des US-Amerikaners Tom Wolfe, spielt in der New Yorker Oberschicht. Der Stoff wurde 1990 verfilmt. Das Buch stammte vermutlich aus der Gefängnisbibliothek.

Berlin, den 27. November 1992[1]

Liebe Eva,

sei nicht traurig, wenn es mir mal nicht so gut geht wie gestern.[2] Ich habe an Dich gedacht. Du darfst Dir nicht so viele Sorgen machen. Weißt Du, die Krankheit hat mich nun mal in ihrem Griff. Ich muss sehen, dass ich mit ihr fertig werde.

Einige gute Sachen, schöne Sachen, kann ich Dir mitteilen. Deine Musik bgeleitet mich, sowohl von Antonio Vivaldi als auch von Bach. Wie Du siehst, mache ich Fortschritte.[3]

Gestern hatte ich plötzlich Besuch von Florakis[4], er war mit zwei seiner Freunde hier. Es war für mich ein großes Erlebnis. Ich habe meinen griechischen Freunden viele Grüße aufgetragen und meinen großen Dank für ihre Solidarität mit nach Griechenland gegeben. In den nächsten Tagen kommt Gladys Marín[5] zu mir. Grüße wurden mir auch aus Frankreich übermittelt. Siehst Du, Eva, es ist schön, wenn man in der ganzen Welt Freunde hat. Von den 100 000 Teilnehmern der Kundgebung in Moskau[6] wurden mir solidarische Grüße übermittelt. Von überall kommen Grüße der Solidarität. Das tut wohl.

Ich habe wohl heute Glück. Der Postbote brachte mir einen lieben Brief von Dir. Sag mal, ich kann mich nicht daran erinnern, Wünsche bezüglich der Länge Deiner Briefe geäußert zu haben. Es würde mir viel verloren gehen, wenn Du in dieser Frage nicht Deiner inneren Stimme folgen würdest. Schreib, meine Liebe. Deine Briefe, ich habe sie gut aufgehoben, vermitteln mir ständig neue Kraft. Nur verzeih mir, wenn in dem Prozess, der so unwürdig ist, ich manchmal schlapp mache.[7] Schau, man kann einfach nicht stehen, wenn der Körper nicht mehr mitmacht. Das sind die drei Jahre, die ich auf Wanderschaft war, von Krankenhaus zu Krankenhaus. Das seit Anfang Juli 1989 mit nur kurzer Unterbrechung. Drei Operationen, also drei Mal in der Narkose und drei Mal vier bis fünf Stunden. Ich mag gar nicht mehr zurückdenken.

Ich versuche, Ruhe zu finden, finde sie aber nicht. Glaube, dass ich hier nicht mehr herauskomme. Solche Gedanken hatte ich 1935–1945 nicht. Ich kann mich jedenfalls nicht daran erinnern.[8] Die 10 Jahre gingen vorbei, ich war wieder da – als neuer Mensch.

So, liebe Eva, ich höre jetzt zu schreiben auf, weil ich glaube, dass Du meine Schrift nicht mehr lesen kannst. Soll ich nicht besser mit der Maschine schreiben?

Ich grüße und umarme Dich

Erich

1 Drei Tage zuvor hatte Honecker sein Testament aufgesetzt. Möglicherweise lieferte den unmittelbaren Anlass die Lektüre eines Beitrages im *Spiegel* 47/1992, der in der Woche zuvor erschienen war. Dort war Prof. Eckard Gerstenberg vom Auguste-Viktoria-Krankenhaus in Berlin, ein Radiologe mit onkologischen Erfahrungen, zitiert worden. Gerstenberg beschäftigte sich wissenschaftlich mit der Biodynamik tumoröser Prozesse in Organen und hatte ein Gerät entwickelt, mit dem prognostische Aussagen möglich sind, wann eine solche Geschwulst dem Menschen den Tod bringt. »Gerstenberg sagt, die Lebensgrenze sei erreicht, wenn der Tumor ein Gewicht von einem Kilogramm erreicht habe. Ein Kilo – das entspricht einem Durchmesser von 12,5 Zentimetern. Bisher hat sich das Volumen der Krebsgeschwulst bei Honecker gleichmäßig alle zwei Monate verdoppelt. Das ist, wie es aussieht, eine Geschwindigkeit der höchsten Wachstumsstufe«, heißt es in diesem Text. »Wenn es so weitergeht, dann schlägt Honeckers letzte Stunde am 1. Juni 1993, sagt Gerstenberg, ›plus/minus 20 Prozent Wahrscheinlichkeit‹. Der Kranke weiß das. Er erfährt, was an ihm gemessen und in Lebenszeit umgerechnet wird. Der Wettlauf mit dem Tod ist in vollem Gang.«

2 An diesem Verhandlungstag, dem vierten inzwischen, fühlte sich Honecker schlecht. Die Verteidigung beantragte, das Verfahren für vier Wochen auszusetzen, um die etwa 13000 Seiten Ermittlungsakten, die ihr erst kurz vor Verhandlungsbeginn zugestellt worden war, studieren zu können. Das wurde abgelehnt, und Honecker bat

um 20 Minuten Pause, danach ging es weiter. Nach zweieinhalb Stunden konnte er nicht mehr. Richter Bräutigam beendete die Sitzung und ordnete eine ärztliche Untersuchung an. Diese erfolgte am 1. Dezember. Im Ergebnis einer Sonographie wurde festgestellt, dass der Tumor in der Leber weitergewachsen war. Der behandelnde Arzt im Haftkrankenhaus, Dr. Groß, wollte Honeckers Verteidigern vor Unterrichtung der Strafkammer nicht den exakten Befund mitteilen, doch die Grundaussage ließ er sie wissen: »Im Vergleich zur Voruntersuchung am 30. 10. 92 hat der Lebertumor deutlich an Größe zugenommen.«

3 Eva Ruppert hatte einige Kassetten mit klassischer Musik in die JVA geschickt. Offensichtlich erschloss sich Honecker auf diese Weise eine neue Welt.

4 Charilaos Florakis (1914–2005), griechischer Antifaschist, Partisan und Kommunist, der in den 50er und 60er Jahren zwölf Jahre inhaftiert und sechs Jahre auf eine Insel verbannt war. Von 1972 bis 1989 war Florakis Generalsekretär der KP.

5 Gladys Marín (1941–2005) mobilisierte als Generalsekretärin des Kommunistischen Jugendverbandes in Chile die Jugend für die Volksregierung der Unidad Popular. Die Pinochet-Diktatur ermordete ihren Mann und trieb sie ins Exil, 1978 kehrte sie nach Chile zurück und organisierte den illegalen Widerstand. Als Generalsekretärin der KP Chiles reichte sie 1998 als Erste Klage gegen Pinochet wegen der Menschenrechtsverletzungen der Junta ein. Gladys del Carmen Marín Millie wurde mit einem Staatsbegräbnis beigesetzt, es gab eine zweitägige Staatstrauer in Chile.

6 Gemeint ist vermutlich die Kundgebung zum Jahrestag der Oktoberrevolution

7 Diese Bemerkung bezieht sich vermutlich auf den 4. Verhandlungstag am Vortag.

8 Das Gefühl des nahenden Todes veranlasste Honecker, am 24. November mit seinem Anwalt sein Testament aufzusetzen. Friedrich Wolff dazu: »Viel zu vererben hatte er nicht. Sein Vermögen bestand aus seinem gesperrten Sparkonto, nichts sonst, kein Auto, keine Liegenschaft, kein Schweizer Konto, keine Antiquitäten oder Gemälde. Diktatoren sorgen meist anders für sich. Selbst Demokraten sind – wie man hört – fürsorglicher aufs Erbe bedacht.«

Berlin, den 8. Dezember 1992[1]

Liebe Eva,

soeben erhielt ich Deinen Brief vom 1. Dezember. Ich habe ihn natürlich schnell verschlungen, freue mich und danke Dir auch herzlich dafür.

Von ganzem Herzen gratuliere ich Dir zu der von Dir organisierten Demonstration »Solidarität statt Ausgrenzung«. Das ist ein Teil der großen Bewegung, die gegenwärtig durch Deutschland geht, um den Vormarsch der Neonazis zu stoppen.[2]

Es freut mich, dass Du einen Schüler bewegen konntest, zu sprechen, so wie ihm der Schnabel gewachsen ist. Du siehst, es geht auch, wenn ein besserer Redner krank geworden ist.

Sodann bitte ich um Entschuldigung wegen dem 875-Seiten-Buch.[3] Lese es quer oder lege es wieder weg. Ich habe ein anderes Buch in der Hand zu einem ähnlichen Thema: »Die Firma« von Grisham[4]. Auch hier Rechtsanwälte, Richter, Staatsanwälte in den USA. Ja, es sind Romane, für mich augenblicklich schön, sie zeigen, welche Sorgen man nicht haben muss, die aber typisch für die Gesellschaft der USA sind.

Also Eva, Du hast alles gut organisiert, wir werden uns wohl wieder treffen.[5] Da können wir uns unterhalten, und Du kannst mal mit mir schimpfen.

Es grüßt Dich herzlich
Erich

1 Fünf Tage zuvor, am 3. Dezember, dem sechsten Prozesstag, hatte Erich Honecker eine Erklärung abgegeben. »Meine Damen und Herren, ich werde dieser Anklage und diesem Gerichtsverfahren nicht dadurch den Anschein des Rechts verleihen, dass ich mich gegen den offensichtlich unbegründeten Vorwurf des Totschlags vertei-

dige. Verteidigung erübrigt sich auch, weil ich Ihr Urteil nicht mehr erleben werde. Die Strafe, die Sie mir offensichtlich zudenken, wird mich nicht mehr erreichen. Das weiß heute jeder. Ein Prozess gegen mich ist schon aus diesem Grunde eine Farce. Er ist ein politisches Schauspiel.« Rechtsanwalt Friedrich Wolff äußerte später: »Während Honecker seine Erklärung vortrug, war ich zunächst voller Besorgnis, ob es ihm gelingen würde, den Text angemessen zu lesen. Erst allmählich wich diese Besorgnis. Im Saal herrschte gespannte Aufmerksamkeit. Auch das Gericht und die Staatsanwälte waren nach meinem Eindruck gebannt. Die Stille wurde nur durch den demonstrativen Abgang der Nebenklägervertreter und durch gelegentlichen Beifall aus den Reihen der Zuhörer unterbrochen. Nachdem Honecker geendet hatte, erklärte Bräutigam nach kurzer Besinnung: ›Das müssen wir erst verarbeiten‹, und vertagte die Verhandlung auf den 7. Dezember.«

Honecker redete insgesamt 70 Minuten. In der Mitte des Vortrags bat er um eine 20-minütige Pause. Wie er seinen Anwälten anschließend berichtete, hatte er sich hingelegt und sei sofort eingeschlafen. Danach setzte er seine Rede fort. Er zeigte laut Rechtsanwalt Wolff »keine Zeichen von Schwäche, Krankheit oder gar Todesnähe«. Wolff und Ziegler suchten nach der Verhandlung Honecker auf. »Er war erleichtert, er hatte getan, was er sich zu tun vorgenommen hatte. Auch aus unserer Sicht war das der Höhepunkt des Verfahrens.«

Der Historiker Götz Aly urteilte anderentags in der *taz* (Ausgabe vom 4. Dezember 1991): »Mit dieser Rede gewann Erich Honecker seine persönliche Ehre zurück.« Anders als die meisten seiner Journalistenkollegen, die sich mehr oder minder abfällig oder einfältig äußerten (Enno von Löwenstern: »Keine Spur von Reue«, Gisela Friedrichsen: »Unsinnig und grotesk«, Catarina Kennedy-Bannier: »Irgendwie möchte man am Ende gar nicht glauben, dass der Erich das wirklich alles selber gedichtet haben soll, wie sein Verteidiger Wolff beteuert.«). Aly bewertete die Rede differenziert: »Viele gestrige Einschätzungen des ehemaligen Staatsrats- und Parteivorsitzenden mögen irrig oder halbwahr sein, doch wird darüber nicht die Justiz, sondern die kritische Zeitgeschichtsforschung der nächsten Jahrzehnte befinden müssen. Dennoch: Erich Honecker wahrte seine

Chance.« Bezüglich der Justiz stand Alys Urteil jedoch fest: »Zweifelsohne ist das Strafverfahren gegen Erich Honecker kein einfacher Kriminalprozess, sondern zwangsläufig ein politischer Prozess.« Und fügte nachdenklich hinzu: »Ein solcher politischer Prozess erfordert eine gesellschaftliche und demokratische Glaubwürdigkeit, die die Bundesrepublik in diesem Jahr einbüßte und dies ausgerechnet als Folge der Überwindung der deutschen Teilung, deren Zementierung Gegenstand des Prozesses ist.«

2 In jenem Jahr, 1992, kamen über 400 000 Asylbewerber nach Deutschland. Vor dem Hintergrund einer politischen Das-Boot-ist-voll-Debatte erfolgten immer wieder Angriffe auf Ausländer und Flüchtlingsheime. Vornehmlich in Ostdeutschland (Hoyerswerda im September 1991, Rostock-Liechtenhagen) fanden regelrechte Exzesse statt, die in den Medien in die Verantwortung der DDR fielen. Tatsächlich handelte es sich um rassistische, neonazistische Reflexe von sozial Abgehängten, die die Asylbewerber für ihre wirtschaftliche Misere verantwortlich machten. Insbesondere die »Republikaner« (Reps) und die DVU profitierten davon und zogen in die Parlamente ein: Reps 1989 Westberlin (7,5 %), Europawahl (7,1 %), DVU Bremen 1991 (6,2 %) und Schleswig-Holstein 1992 (6,3) und »Republikaner« Baden-Württemberg 1992 (10,9 %). Gegen diese rechte Entwicklung formierte sich bundesweit antifaschistischer Widerstand, worauf hier Honecker Bezug nahm.

3 Gemeint ist Tom Wolfes »Fegefeuer der Eitelkeiten«. Offenkundig war Ruppert Honeckers Empfehlung gefolgt, doch die Lektüre ihr zu umfangreich.

4 Allerdings war die neue Empfehlung – John Grishams »Die Firma« – nicht weniger anspruchsvoll.

5 Am 9. November 1992 hatte das Landgericht Berlin die Besuchserlaubnis erteilt und Eva Ruppert als Termine den 4. und/oder 18. Dezember vorgeschlagen.

Berlin-Moabit, den 22. Dezember 1992

Liebe Eva,

verzeihe mir, wenn ich diesen Brief mit der Maschine schreibe. Meine Hand ist noch nicht ruhig. Ich möchte Dir also einen Brief schreiben, den Du auch lesen kannst. Einen anderen werde ich Dir später schreiben. Du siehst, mit der Maschine hapert es auch noch.

Nun, gestern ging das medizinische Seminar erst spät zu Ende.[1] Ausgang klar. Hackethal[2] ist doch der größte Mediziner Deutschlands. Schau: Selbst die Maschine sträubt sich, so einen Unsinn zu schreiben. Der Mann hat zwei Verhandlungstage voll beherrscht. Und was noch wichtiger ist: Er hat gesiegt. Gesiegt auf der ganzen Linie. Ich glaube, meine Verteidiger werden dem auch zustimmen.[3]

Dies, liebe Eva, wollte ich Dir ganz schnell mitteilen. Es ist ein Gruß von mir, Antwort auf viele Briefe, die ich in den letzten Tagen von Dir erhalten habe, auch jenen, den Du mit der Maschine geschrieben hast. Ich denke viel an Deinen letzten Besuch. Hoffentlich bist Du gut zurückgekommen. Deine »Inessa«[4] habe ich inzwischen gelesen. Du hast recht – eine wirklich große Frau. Mehr sage ich Dir bei Deinem nächsten Besuch.

Jetzt verbleibt mir nur noch, Dir das Allerbeste zum Jahr 1993 zu wünschen. Von Weihnachten gar nicht erst zu reden. Heute las ich die Prognose für 1993 – 4 Millionen offizielle Arbeitlose. Inoffiziell sind es ja noch viel mehr. Eine Welt, die wir nicht mehr gekannt haben.

Herzliche Grüße
Erich[5]

1 Bei der Verhandlung am 15. Dezember hatten die Mediziner Schneider, Taenzer, Kirstadter und Platz ein Gutachten vorgelegt, wonach »der Tumor in der Leber erheblich an Größe zugenommen« habe.

Honeckers Lebenserwartung gab man »bei drei bis sechs Monaten« an. Daraus machte die *Bild* am 15. Dezember: »Im Frühling Honecker tot«. Die Verteidiger gingen davon aus, dass Honecker nach diesem Gutachten bei der nächsten Sitzung am 21. Dezember entlassen werden würde. Rechtsanwalt Plöger zog Hackethal zu der nichtöffentlichen Sitzung am 17. Dezember hinzu, bei der das medizinische Gutachten erörtert wurde.

2 Julius Hackethal (1921–1997) galt gleichsam als Wunderheiler, der die Schulmedizin kritisierte und sich erfolgreich medial zu vermarkten verstand. In den 80er Jahren leitete er eine private Krebsklinik, in den 90er Jahren führte er eine eigene Klinik für Ganzheitsmedizin. Er selbst starb an den Folgen eines unbehandelten Prostatakrebses.

3 Hier irrte Honecker. Verteidiger wie Prozessbeobachter rechneten nach diesem Befund mit der Aufhebung des Haftbefehls am 21. Dezember. Honeckers Anwälte Ziegler, Becker und Wolff plädierten für dessen Entlassung – das Gericht vertagte auf den 4. Januar 1993 und forderte eine neue medizinische Untersuchung.

4 Siehe Anmerkung 2 auf Seite 63.

5 Der vermutlich letzte Brief Honeckers aus der JVA Moabit an Eva Ruppert. Drei Wochen später verließ er Deutschland als freier Mann.

Santiago, den 29. Januar 1993[2]

Liebe Eva,

ich stehe in Deiner Schuld, mindestens sechs liebe Briefe von Dir blieben ohne Antwort von mir. Aber Du hast ja alles sehr genau verfolgt. Der Dezember war fürchterlich, dieses Spiel mit der bevorstehenden Freilassung Erichs – ein Beispiel für psychischen Terror – hat viel Kraft gekostet. An eine plötzliche Wendung hat so recht niemand geglaubt. Es ist wirklich ein Sieg der internationalen Solidarität, dem sich die deutschen Politiker beugen mussten.

Landgericht Berlin

Berlin-Tiergarten, Turmstraße 91
Fernruf (Vermittlg.): 3979-1
Telefax (030) 3979-2010
PGiroKto der Justizkasse Berlin
Bln 352-106 (BLZ 100 100 10)

2302
Ihr Zeichen:

Landgericht Berlin, Turmstraße 91, 1000 Berlin 21

527 - 10/92

Geschäftsnummer bitte stets angeben

Ihr Antrag auf Erlaubnis zum Besuch bei Herrn Erich Honecker wurde genehmigt.

Zur Abstimmung des Besuchstermins und wegen der Abholung des Sprechscheins setzten Sie sich bitte mit der Geschäftsstelle (Telefon: 3979-2302) in Verbindung.

Hochachtungsvoll

(Franke)
Justizobersekretärin

Bewilligung einer Besuchserlaubnis durch das Landgericht Berlin vom 9. November 1992. Nach dem Rückruf wurden Besuche am 4. und 18. Dezember bewilligt.

Erichs schlechte Gesundheit war für sie der Ausweg, um eventuell doch ihr angeschlagenes Ansehen als »Rechtsstaat« etwas aufpolieren zu können. Aber man muss sie beim Wort nehmen. Der gegen jedes Recht weitergeführte Prozess gegen Heinz Keßler und Genossen muss eingestellt werden. Dem Faschismus und Rassismus muss Einhalt geboten werden – nicht mit Demagogie und Demonstrationen, die sie veranstalten, um der Welt zu zeigen, dass Großdeutschland eigentlich doch gar keine Gefahr ist.

Wir erfahren nach wie vor große internationale Solidarität. Das gibt viel Kraft, denn Erichs Gesundheitszustand ist, wie zu erwarten war, nicht sehr gut. Aber er ist hier, bei uns, und gemeinsam lässt sich vieles besser tragen.

Mit dem Spektakel in Deutschland, veranstaltet um eine Rückkehr Erichs, ist makaber und schon jetzt ist abzusehen, dass es eine politische Dummheit ist und nur jenen zum Schaden gereicht, die es inszeniert haben.

Wir wünschen Dir weiterhin viel Kraft und Ausdauer in Deinem unermüdlichen Bemühen zu helfen, die Köpfe der Menschen, vor allem der Jugend, in die richtige Richtung zu bringen.

Sei herzlich gegrüßt
von Erich und Deiner Margot

1 Den Brief schrieb Margot Honecker mit der Hand.

2 Am 13. Januar war der Haftbefehl gegen Honecker aufgehoben worden, er reiste umgehend nach Chile aus.

Santiago, den 23. Februar 1993

Liebe Eva,

sicher hat sich wieder einmal unsere Post gekreuzt. Du müsstest unseren ersten Brief seit Erichs Ankunft hier schon haben.[2]

Nun hat sich schon wieder viel ereignet. Der Mannheimer Parteitag[3] hat in und für die Partei etwas nach vorn bewegt. Das ist wohl das Wichtigste und auch das, dass die Kommunisten den Willen haben zusammenzugehen, was allerdings nicht so leicht sein wird, müssen doch erst viele Dinge weiter ausreifen. Aber es bleibt nicht viel Zeit. Die wachsenden sozialen Konflikte und politischen Widersprüche in Deutschland erfordern eine starke Partei, erfordern Aktionseinheit gegen den aufkommenden Faschismus.

Nach Erichs Abreise aus Deutschland ging das Politspektakel ja lustig weiter. Sie konnten ihre Niederlage nur schwer verwinden. Und die »freie Presse« musste nun auch wieder Schauermärchen über den Honecker-Clan in die Welt setzen. Aber ich bin überzeugt, bald werden die lieben Politiker in Deutschland von den Problemen, die sie geschaffen haben, aufgefressen werden.
Die ganze imperialistische Welt wird wohl nicht fertig mit der aus der Balance geratenen Welt seit dem Zusammenbruch der SU und Osteuropas. Jetzt bauen sie neue Grenzen in Europa gegen die Flüchtlingsströme, Bürgerkriege sind alltäglich geworden, die Krise in Europa galoppiert. Wir gehen wohl sehr konfliktreichen, auch kämpferischen Zeiten entgegen.

Schön, Eva, wie Du Dich um Deine jungen Leute bemühst, denn auf die Jungen wird es künftig ankommen.

Was den Prozess gegen Heinz[4] und Genossen angeht, so scheint die Sache ein Ende zu nehmen, wenigstens was die Haft betrifft. Sollte es Haftverschonung geben, muss man für die Beendigung dieser und anderer Prozesse eintreten. Man darf nicht die Hände in den Schoß legen, den Faschisten keine Chance geben.

Um eins mache Dir keine Sorgen, Chile ist zwar auch nicht ruhig, aber welches Land ist das heute?

Erichs Zustand ist wechselnd, subjektiv fühlt er sich mal schlechter, mal besser. Objektiv schreitet die Krankheit weiter fort, wie langsam, wie schnell kann kein Arzt sagen. Eine Operation ist nach Meinung aller Experten unmöglich, das Risiko größer als die kleinste Chance. Damit müssen wir leben.

Wir haben hier viele liebe, hilfsbereite Freunde. So versuchen wir, uns hier in diesem fremden Land eingermaßen einzuleben.
Die Kinder, vor allem die Enkel Roberto und Viviane, machen uns viel Freude. Man muss halt versuchen, auch im grauen Alltag das Schöne zu sehen.

Wir verfolgen natürlich alles, was in Deutschland und in der Welt geschieht. Wir bekommen viel Post aus aller Welt. So sind wir doch mit allem, was geschieht, eng verbunden.

Wir, Erich und ich, grüßen Dich ganz herzlich
Deine Margot

1 Handschriftlich auf Durchschlagpapier.

2 Das Schreiben vom 29. Januar 1992.

3 Gemeint ist der Parteitag der DKP am 18./19. Januar, der allerdings keine Entscheidung im Richtungsstreit der Partei gebracht hatte. »Von einer programmatischen Erneuerung konnte nach den beiden Tagen in Mannheim wohl kaum eine Rede sein«, schrieb *Neues Deutschland*. Die Mitgliederzahl sei inzwischen unter 7000 gerutscht.
»Die Linie von Heinz Stehr und Rolf Priemer für ein möglichst großes linkes Bündnis mit anderen Linkskräften in Deutschland wird scheinbar von der Masse der Parteimitglieder getragen«, hieß es im Beitrag. »Trotz aller Eigenständigkeit«, so Stehr in seinem Referat, könne man nicht die Augen davor verschließen, dass die PDS mit ihren rund 150 000 Mitgliedern die »stärkste Kraft in der ansonsten schwachen linken Bewegung« darstelle. Doch man stehe keinesfalls kritiklos der PDS gegenüber. »Die DKP bemängelt gerade die politi-

schen Grundpositionen der PDS zur marxistischen Theorie, zur Analyse des Kapitalismus und des Sozialismus in der DDR.«

4 Das Verfahren gegen Heinz Keßler und die anderen Angeklagten wurde fortgesetzt. Honeckers Verteidiger hatten das Berliner Verfassungsgericht nur in der Causa Honecker die Verletzung des Grundrechts ihres Mandanten auf Achtung seiner Menschenwürde angerufen, und dieses hatte am 12. Januar eben diese Verletzung bei einer Reihe von Beschlüssen des Landgerichts wie auch des Kammergerichts gesehen, weshalb der Haftbefehl aufgehoben und das Verfahren eingestellt worden war. Nunmehr wurde noch gegen drei anwesende Angeklagte unter Richter Boß – sein Vorgänger Bräutigam war zwangsweise ausgeschieden – weiter verhandelt. Bis zum September 1993.

Santiago, den 5. März 1993

Liebe Eva,

es wird Zeit, dass wir uns bei Dir melden. Zwei Briefe sind inzwischen von Dir angekommen. Viel hat sich inzwischen wieder ereignet. Wie vorauszusehen und vorausgesagt worden war: Großdeutschlands Bourgeoisie schickt sich an, wieder die Welt zu erobern. Deutsche Soldaten werden nun nach Jugoslawien fliegen.[1] Die NATO marschiert in die »Krisengebiete«, die sie selber geschaffen hat.

Die Arbeiterklasse soll ihre schwer erkämpften Rechte preisgeben – jetzt, wo die DDR nicht mehr mit am Tisch sitzt bei Verhandlungen über die sozialen Rechte.[2] Die Faschisten werden entschädigt, und die Rentner im Osten werden um ihre Renten betrogen. Es wird so immer dringender und sicher zwangsläufig, dass sich die bewusstesten Kräfte wenigstens zur gemeinsamen Aktion zusammenfinden. Nun gärt es ja in ganz Europa, und die Gefahr ist groß, dass die Heranwachsenden den Ausweg nach Rechts suchen. Wenn man den Prozess im Lichte der heutigen Ereignisse sieht, wird noch einmal deutlich, was Erich, Heinz und Genossen vor Gericht gesagt haben: dass es sich um Rache für 40 Jahre eingeschränkte Macht der deutschen Bourgeoisie handelt.

Bürgerkriege toben in der ehemaligen SU, Krieg ist in Jugoslawien, Unruheherde in allen Regionen der Welt, und Frau Limbach[3] und die Berliner Justiz reden über Grenzvorkommnisse und verfolgen Grenzsoldaten und ihre Offiziere, wie man Mörder verfolgt.
Aber sie werden aufgeben müssen, sie wissen offensichtlich nur noch nicht wie.

Es ist gut, dass das Solidaritätskomitee alles tut, was möglich ist, um den Genossen den Rücken zu stärken. Auch das Komitee in Österreich und andere sind nach wie vor aktiv. Sie alle halten Kontakt.

Von uns gibt es nicht viel zu berichten. Erichs Krankheit schreitet leider fort. Aber wir leben damit. Es ist halt so, auch Revolutionäre können krank werden, das hindert aber nicht daran, den Kopf oben zu behalten.

Bleib Du weiter so kämpferisch, auch wenn der Mut manchmal sinkt. Es geht immer irgendwie weiter.

Sei ganz herzlich gegrüßt

von Erich und mir
Deine Margot

1 Die nicht zuletzt durch die rasche diplomatische Anerkennung ehemaliger jugoslawischer Bundesstaaten forcierten ethnischen Konflikte führten in Bosnien-Herzegowina zu kriegerischen Auseinandersetzungen, wobei insbesondere die NATO die anti-serbischen Kräfte unterstützte. Die Bundesluftwaffe war, im Auftrag des Bundestages, seit 1992 mit 600 Soldaten in verschiedene Operationen eingebunden, so etwa in SHARP GUARD (Juli 1992 bis Juni 1996) und DENY FLIGHT (April 1993 bis September 1996).
Auf der Homepage der Bundeswehr heißt es dazu emotions- und komentarlos: »In der Operation DENY FLIGHT wurden 5048 AWACS-Überwachungsflüge durchgeführt; im Rahmen der Operation SHARP GUARD wurden über 74 000 Schiffe angerufen, knapp 6000 Schiffe gestoppt und überprüft, davon rund 260 durch deutsche Einheiten, und über 1400 Schiffe umgeleitet. Etwa 700 Aufklärungsflüge wurden mit Seefernaufklärern der Marine durchgeführt.«

2 »Das Lohnniveau der westdeutschen Arbeiter und Angestellten und die Sozialleistungen lagen über dem Durchschnitt in anderen imperialistischen Ländern Westeuropas.
Das war der besonderen Klassenkampfsituation, der Teilung Deutschlands, geschuldet: Bei allen Tarifverhandlungen und Arbeitskämpfen spielte die DDR im Hintergrund als ›dritter Verhandlungspartner‹ eine wichtige Rolle.« Renate Münder in »Aus der Geschichte lernen? – Von der Novemberrevolution bis zur Annexion der

DDR«, im Blog »Theorie & Praxis. Sozialismus in Wissenschaft und Politik« am 1. August 2013.

3 Jutta Limbach (1934–2016) war von 1989 bis 1994 Berliner Justizsenatorin. In dieser Funktion hatte die Sozialdemokratin »die Aufsicht über die Strafverfolgung der früheren DDR-Staatsspitze wegen des Schießbefehls an der innerdeutschen Grenze«, wie der *Spiegel* 32/1992 schrieb. Danach wurde sie zur Präsidentin des Bundesverfassungsgerichts berufen, was sie bis zum Errreichen der Altersrente 2002 blieb.

Santiago, den 30. April 1993

Liebe Eva,

Deine Briefe waren wieder erfreulich schnell bei uns, schneller als die unsrigen bei Dir. Große Freude haben uns die Fotos von dem »Fähnlein der Aufrechten«[2], unseren treuen Kampfgefährten, bereitet. Inzwischen ward ihr in Essen zusammen. Wir hatten hier ein schönes, vom hiesigen Solidaritätskomitee organisiertes Treffen mit ehemaligen chilenischen Exilanten. So gab es die Möglichkeit, den vielen Chilenen für ihre Solidarität zu danken und sie zu bitten, die Solidarität mit Heinz und den anderen deutschen Genossen fortzusetzen.

Ja, Eva, nun hat sich die Lage in Deutschland so entwickelt, wie vorauszusehen war. Das große Deutschland drängt nach vorn in der Welt. Immer schon war der deutsche Imperialismus expansiv, vor allem wenn er in der Krise steckte. Nun werden die Kriegstrommeln wieder gerührt. Sicher wird sich Widerstand regen,

Eva Ruppert bei einer Thälmann-Ehrung in Berlin, 22. April 2017.

Kriege sind unpopulär. Deshalb versucht man, dies alles als »Friedensmission« zu tarnen. So will man den deutschen Michel ein übriges Mal einlullen. Wie rücksichtslos sich die Bourgeoisie aus der Krise winden will, zeigt ihr brutales Vorgehen zur Beschneidung der Rechte der Arbeiterklasse.

Gut, dass sich da etwas in Ost und in West regt. Streiks bewirken immer etwas im Bewusstsein der Menschen. Man muss nur klar sehen, dass die Herrschenden, je mehr sich Widerstand regt, die Daumenschrauben fester ziehen werden. Aber der alte Marx wird recht behalten, die Arbeiterklasse wird, wenn sie sich ihrer Lage bewusst wird, den Kampf um die elementaren Menschenrechte aufnehmen. Man kann, ja man muss mit Optimismus in die Zukunft sehen.

In diesem Sinne grüßen wir Dich sehr herzlich
Margot und Erich[3]

1 Erstmals mit einer Schreibmaschine.

2 Das Solidaritätskomitee für Erich Honecker.

3 Unterschrift von beiden handschriftlich.

Santiago, den 15. Juni 1993

Liebe Eva,

wir haben ein ganz schlechtes Gewissen, so lange nicht geschrieben zu haben. Wir hatten in letzter Zeit nicht wenig Probleme. Erich musste wieder einmal in die Klinik zur Bluttransfusion. Die Enkelkinder waren krank, und die jungen Leute[1] haben einige aktuelle Existenzprobleme.

Politisch war es hier auch ein wenig unruhig. Die Pinochet-Armee hat wieder einmal demonstriert, dass sie eine Macht ist, über die man nicht hinwegsehen dürfe. Du weißt sicher, hier steht die Wahl des Präsidenten und der Regierung an. Pinochet hat nun sehr eindeutig demonstriert, gewissermaßen gewarnt, dass auch die neue Regierung von ihm »flankiert« werden wird. Wohl oder übel musste er nun einen kleinen Rüffel einstecken, denn die Bevölkerung, bis in die Rechte hinein, war dadurch sehr beunruhigt.[2] Die Militärs sind nicht einverstanden, dass die jetzige Regierung, drei Jahre nach dieser schrecklichen Diktatur, Prozesse gegen jene Militärs zulassen musste, die mordeten und folterten. Das ist man den Überlebenden schuldig, den Angehörigen von Verschleppten und den Toten, deren Leichen man noch immer in Massengräbern entdeckt. Aber zu einem Putsch wie in anderen lateinamerikanischen Ländern reicht es in Chile glücklicherweise nicht mehr. So lange aber diese Armee eine solche Stellung hier hat, schwelt es immer unter der Decke.

Diese Woche haben wir ein wenig Abwechslung – wir bekommen Besuch aus Deutschland und aus Argentinien.[3]

Ja, liebe Eva, in Deutschland geht es nun in der eingeschlagenen Richtung weiter. 1933 ging man gegen die Juden vor und jetzt gegen die Türken. Und wie sich mal wieder zeigt: Wenn die Bourgeoisie in Nöten ist, pfeift sie auf die bürgerliche Demokratie. Da braucht es wieder den starken Mann, den starken Arm. In fast ganz Europa vollzieht sich so etwas wie die Aushöhlung des

Parlamentarismus, auf den sich die bürgerlichen Demokratien so viel einbilden. Es ist die Saat, die jetzt aufgeht in Solingen[4] und anderswo, die sie in ihrer 40-jährigen Demokratie gesät haben. Mit der Asyldebatte[5] wurde der Sprengstoff gezündet, der lagerte, denn nie wurde faschistisches Gedankengut wirklich ausgerotten in dem alten Deutschland.

Es ist ganz hervorragend, was Du mit Deinen Schülern veranstaltet hast. Das hat bestimmt tiefe Wirkung auf die jungen Leute. Sogar die bürgerliche Presse musste über Euch berichten. Das ist ein guter Weg, den Ihr da eingeschlagen habt. Da kannst Du viel bewirken mit Deinen historischen und literarischen Kenntnissen, mit Deiner dichterischen Begabung und Deiner Aufrichtigkeit.

Mit Berlin, Hamburg, Essen, Braunschweig, Mannheim, Düsseldorf und und und ... haben wir gute Kontakte. Das ist gut so für uns.

Wir hoffen nun sehr, dass dieser Hexenprozess zu Ende geht. Die drei Genossen[6] schlagen sich ja tapfer, aber sie sitzen nun schon zu lange. Die Justiz wird wohl einen Ausweg aus der Sackgasse finden müssen, in die sie sich gemeinsam mit den Politikern hineinmanövriert hat.

Also, Eva, sei nicht böse, wenn die Post mal etwas länger ausbleibt, wir denken an Dich.

Sei herzlich gegrüßt
Margot

1 Damit sind Tochter Sonja und deren Ehemann Leo Yáñez gemeint.

2 Pinochet, der sich mit Hilfe des Militärs und der CIA am 11. September 1973 an die Macht geputscht hatte und der verantwortlich war für mindestens 4000 Morde, hatte sich Ende 1988 per »Volksentscheid« mit fast 80 Prozent für weitere acht Jahre im Präsidentenamt bestätigen lassen. Das Votum war gefälscht worden. Bei Neuwahlen erhielt der Christdemokrat Patricio Aylwin vom Parteienbündnis Concertación, einem breiten Mitte-links-Bündnis aus Christdemokraten, Liberalen, Sozialdemokraten und Sozialisten, 55,2 Prozent der Stim-

men. Am 11. März 1990 trat Aylwin das Amt an. Pinochet hatte zuvor Freunde und Unterstützer in einflussreiche Positionen gehievt und sich selbst abgesichert, er blieb bis 1998 Oberbefehlshaber des Heeres und Senator auf Lebenszeit. Ein nach der Jahrtausendwende gegen ihn in Chile angestrengtes Gerichtsverfahren wurde im Juli 2001 aufgrund des Gesundheitszustandes des 85-jährigen Pinochet eingestellt. Pinochet ist für kein einziges während seiner Diktatur begangenes Verbrechen wie Mord oder Folter verurteilt worden, er starb 2006.

3 Margot Honecker, die ein offenes Haus führte, verhielt sich in ihrer Korrespondenz konspirativ: Nie teilte sie mit, wer sie besuchte und mit wem sie Briefe wechselte. Informationen über die Familie und Freunde wurden grundsätzlich selbst Vertrauten nur sehr dosiert weitergegeben.

4 Bei einem Brandanschlag am 29. Mai 1993 auf ein von türkischen Familien bewohntes Haus starben fünf Menschen, 17 erlitten zum Teil bleibende Verletzungen. Ein halbes Jahr zuvor, am 23. November 1992, zündeten Neonazis in Mölln zwei von türkischen Familien bewohnte Häuser an, drei Menschen starben, neun wurden verletzt.

5 Ab 1986 führten die beiden Unionsparteien CDU und CSU dauerhaft eine Kampagne mit dem Ziel einer Grundgesetzänderung, um das Asylrecht zu beschränken. Es drohe eine »Überflutung«. Bayerns Ministerpräsident Franz Josef Strauß behauptete: »Es strömen die Tamilen zu Tausenden herein, und wenn sich die Situation in Neukaledonien zuspitzt, dann werden wir bald die Kanaken im Land haben.« Und (West-)Berlins Innensenator Heinrich Lummer legte noch eine antikommunistische Kohle ins rassistische Feuer: »Wir haben ein Asylrecht, da kann die ganze Rote Armee kommen und der KGB dazu. Wenn die an unserer Grenze nur das Wörtchen ›Asyl‹ sagen, können wir sie nicht zurückschicken.« Vor der Bundestagswahl 1990 erneuerten die Unionsparteien, diesmal noch schärfer, die Kampagne für eine Veränderung des Grundrechts auf Asyl. Szenarien wurden entworfen, dass asylberechtigte Afrikaner und Asiaten »in der Größenordnung von 50 Millionen« auf Deutschland zukommen könnten. Die Art der Debatte machte Ausländerfeindlichkeit gesellschaftsfähig und stärkte rechte Parteien, die in mehrere Länderparlamente einzogen. Die rassistische Gewalt nahm

merklich zu, Asylbewerberheime wurden belagert. Am 1. Juli 1993 trat ein vom Bundestag mit 521 Stimmen von CDU, CSU, FDP und SPD beschlossenes Gesetz in Kraft, dass das individuelle Grundrecht auf Asyl stark eingeschränkte. Zuvor war das Grundgesetz geändert worden. Die Zahl der Asylbewerber in Deutschland sank fortan kontinuierlich bis auf 19164 im Jahr 2007. Die Anerkennungsquote sank bis auf 0,8 Prozent im Jahr 2006, bewilligt wurden nur noch 251 Asylanträge. Der UNHCR und Nichtregierungsorganisationen beklagten die Abschottung der »Festung Europa«.

6 Heinz Keßler, Fritz Streletz und Hans Albrecht.

Santiago, den 23. Juli 1993

Liebe Eva,

Gedichte, Leserbriefe und Deine beiden an uns gerichteten Briefe sind wohlbehalten in unsere Hände gelangt.

Ja, Eva, wenn man so aktiv ist, so viel macht wie Du, dann muss man auch kleine Rückschläge hinnehmen. Es tut dann besonders weh, wenn man gegen so vieles einfach wehrlos ist. Es ist schade, dass Euer Fest nicht stattfinden konnte. Aber Du hast recht – da hilft nur (trotz Magenschmerzen) weitermachen. Ich weiß, das ist manchmal leichter gesagt als getan.

Wir sind über das Geschehen in Großdeutschland gut informiert, es beschäftigt uns sehr. Da gibt es so viel, worüber man mit Gleichgesinnten sprechen möchte. Du kannst uns glauben, Eva, wir würden Dich gern hier sehen. Aber bitte habe Verständnis, wenn wir Dich bitten, nicht jetzt eine solche Reise Deinerseits zu planen. Man kann einfach nicht bis August planen. Wir wissen nicht, wie es mit Erichs Krankheit weitergeht. Wir müssen es an uns herankommen lassen. Die Flügel lassen wir natürlich nicht hängen. Dabei hilft uns sehr der ständige Kontakt mit unseren Genossen und Freunden dort, in Deutschland, so trocknet dieser unser Lebensnerv nicht ein.

Liebe Eva, wir wissen es sehr zu schätzen, dass Du uns nun schon über Jahre die Treue hältst, hab Dank und sei von uns beiden herzlich gegrüßt.

Margot

Santiago, den 24. August 1993

Liebe Eva,

rechtzeitig ob Deiner Vorsorglichkeit sind Deine Geburtstagsgrüße[2] bei mir angekommen.

Ich danke Dir für das so liebevoll eingewickelte Bild, ebenso für Deine aufmunternden Worte.

Hab herzlichen Dank
Erich

Wir lassen bald noch von uns hören.

1 Handschriftlich auf Luftpost-Briefpapier in frankiertem Umschlag, der jedoch nicht gestempelt ist. Offenkundig muss ihn jemand von Chile mit nach Deutschland befördert und übergeben haben.

2 Erich Honecker beging am 25. August seinen 81. Geburtstag, es sollte sein letzter sein.

Santiago, den 27. September 1993

Liebe Eva,

Deinen Brief mit den beigefügten Zeugnissen Deiner Aktivitäten haben wir wie immer mit Freude gelesen. Die größte Freude am Tag des kurzen Krankenhausaufenthaltes hier war die Information, dass Heinz und Genosssen erst mal raus sind aus Moabit.[1] Das Urteil ist so schandbar wie der ganze Prozess seit seinem Beginn. Die deutsche Justiz hat sich wahrhaft nicht mir Ruhm bekleckert, und schon gar nicht die deutsche Politik.

Dagegen steht die Standhaftigkeit unserer Genossen, sichtbar für alle, die nicht blind sind. Die Konflikte in der heutigen Welt werden Standhaftigkeit und Solidarität der Linken herausfordern, auch wenn es jetzt noch scheint, als rühre sich nichts. Nun wird immer deutlicher, dass der Auslöser unserer Niederlage der Zusammenbruch der SU war, wodurch etwas in Gang gekommen ist, in dessen Verlauf, geschichtlich gesehen, große Auseinandersetzungen unvermeidlich sind. Wie immer geht das zu Lasten der Völker – die Leiden in den Bürgerkriegen, die traurigen Folgen des kapitalistischen Systems für die Armen in der Welt. Gerade deshalb darf man den Mut und die Zuversicht nicht verlieren. Das tust Du ja auch nicht.

In diesem Sinne sei herzlich gegrüßt
Margot und Erich[2]

1 Am 14. September 1993 fand vor dem Berliner Kammergericht der letzte Prozesstag im Verfahren gegen Keßler, Streletz und Albrecht statt. Sie gaben Erklärungen ab. Die Staatsanwaltschaft hatte wegen »Anstiftung zum Totschlag« für Keßler zwölf und für Streletz zehn Jahre gefordert, Albrecht sollte wegen »Beihilfe« acht Jahre bekommen. Das Urteil lautete dann siebeneinhalb, fünfeinhalb und viereinhalb Jahre. Richter Boß setzte die Haft unter strengen Aufla-

gen so lange aus, bis die Urteile rechtskräftig sein würden. Die Begründung lautete, dass die Angeklagten bereits zweieinhalb Jahre im Haft seien. Keßler, Streletz und Albrecht verließen unmittelbar nach der Gerichtssitzung die JVA Moabit. Sie mussten Ausweis und Pass abgeben und sich regelmäßig auf dem Polizeirevier melden.

2 Beide Unterschriften handschriftlich.

Santiago, den 27. Oktober 1993

Liebe Eva,

Deinen Brief vom 3. Oktober mit Deinen Gedichten (die Du hoffentlich alle sammelst) haben wir wie stets mit Freude empfangen. Von dem verregneten und trotzdem erfolgreichen *UZ*-Pressefest[1] haben wir gehört. Es lassen sich halt nicht alle gleich bei jedem Regenguss aufweichen.

Es gibt so viele interessante Aktionen, Ausdruck der Unzufriedenheit mit sozialen, politischen Zuständen, aber es fehlt so sehr das große, einigende Ganze und leider nicht nur in Deutschland. Unsere Bewegung, die Parteien in Ost und West, müssen eben durch ihre Krise hindurch. Manchmal wünschte man sich, dass es schneller geht, aber revolutionäre Ungeduld verlangt auch Geduld. Die Ereignisse weltweit laufen eh nicht so, wie sich dies die Herrschenden nach dem Verschwinden der sozialistischen Länder ausgemalt hatten. Die Konflikte schwelen sehr tief im Innern dieser Gesellschaft. Die Marxisten sind in dieser Hinsicht neu gefordert – theoretisch und organisatorisch, da darf es nicht beim Zurückblicken bleiben. Aber das weißt Du ja selbst am Besten, schließlich denken wir alle ständig darüber nach.

Uns geht es so lala, der Sommer, der hier eingekehrt ist, tut gut, nur Erich wird zunehmend schwächer. Er ist zwar tapfer, aber müde. Diese verfluchte Krankheit ...

Für heute, liebe Eva, viele herzliche Grüße von uns beiden
Margot

1 Das *UZ*-Pressefest wird seit 1974 von der DKP-Zeitung *Unsere Zeit* im Zweijahres-Rhythmus veranstaltet. Es hat Volksfestcharakter und bietet Politik, Kunst und Kultur. Das Pressefest 1993 war das achte und fand im Volkspark Batenbrock in Bottrop statt. Seit 1995 kommt man im Revierpark Wischlingen in Dortmund zusammen.

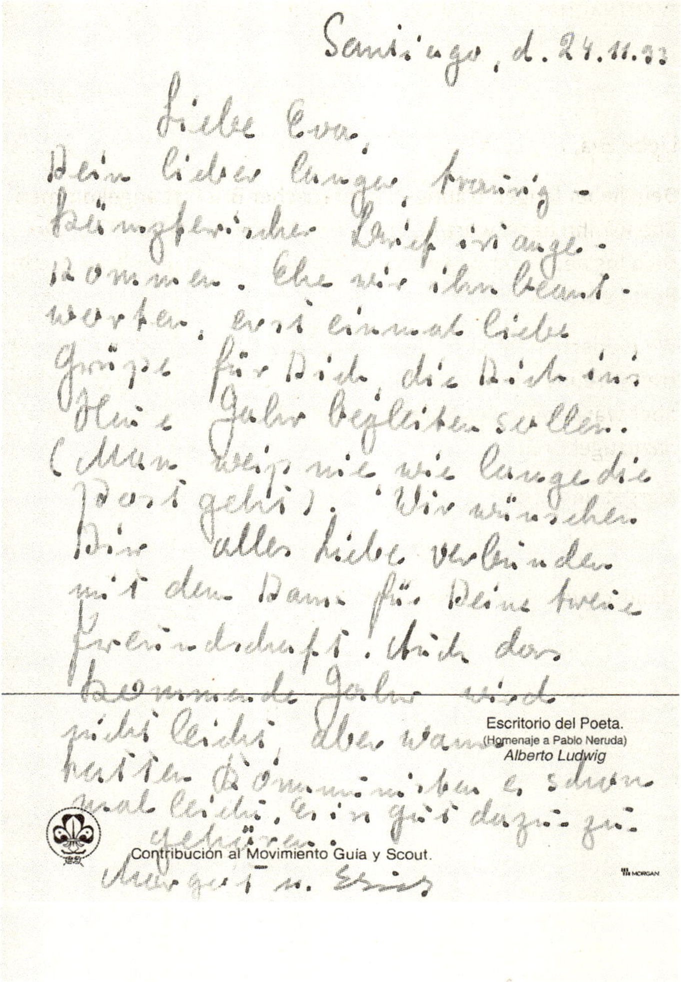
Santiago, d. 24.11.93

Liebe Eva,
Dein lieber langer, traurig-kämpferischer Brief ist angekommen. Ehe wir ihn beantworten, erst einmal liebe Grüße für Dich, die Dich ins Neue Jahr begleiten sollen. (Man weiß nie wie lange die Post geht). Wir wünschen Dir alles Liebe verbunden mit dem Dank für Deine treue Freundschaft! Auch das kommende Jahr wird nicht leicht, aber wann hatten Kommunisten es schon mal leicht, ein gut dazu zu gehören.
Margot u. Erich

Escritorio del Poeta.
(Homenaje a Pablo Neruda)
Alberto Ludwig

Contribución al Movimiento Guia y Scout.

Rückseite der Weihnachtskarte vom 24. November 1993. Grüße zum Jahreswechsel waren stets besondere Herausforderungen. So berichtete Margot Honecker in einem Brief an Eva Ruppert vom 26. Februar 2006, dass sie 35 Briefe aus diesem Anlass in die Post gegeben habe und »nach den Kontakten mit Freunden und Genossen erfahren muss, dass bis heute keines der Schreiben angekommen ist. Schlamperei der Privatpost?«

Santiago, den 24. November 1993

Liebe Eva,

Dein lieber langer, traurig-kämpferischer Brief ist angekommen. Ehe wir ihn beantworten, erst einmal liebe Grüße für Dich, die Dich ins neue Jahr begleiten sollen. (Man weiß nie, wie lange die Post geht.)

Wir wünschen Dir alles Liebe, verbunden mit dem Dank für Deine treue Freundschaft. Auch das kommende Jahr wird nicht leicht, aber wann hatten es Kommunisten schon mal leicht. Es ist gut, dazuzugehören.

Margot und Erich[1]

1 Handschriftliches Signum Erich Honeckers.

Santiago, den 10. Januar 1994

Liebe Eva,

Dein Brief mit den Ansichtskarten von Moskau und Berlin hat uns wie immer Freude gemacht. Es war wohl eine rechte Kunst, so viele Nachrichten und Informationen in einem Brieflein unterzubringen. Jedenfalls waren diese für uns sehr interessant.

Gestern haben wir von Genossen aus Berlin und Hamburg einen begeisterten Bericht über die Demo am 9. zu den Gräbern von Karl und Rosa gehört.[1] Es muss eine wirklich Mut machende Veranstaltung gewesen sein. Selbst in den bürgerlichen Medien konnte man wohl ob der großen Anzahl der Teilnehmer und des politischen Charakters dieser Demo nicht ganz darüber hinweggehen. Wir haben uns sehr gefreut, dass so viele der Unsrigen zusammengegangen sind. Das ist so wichtig.

Auch dass, was sich an Initiativen neuer Art, ausgehend von der letzten Sitzung des Solidaritätskomitees entwickelt, ist goldrichtig. Übrigens, die Karte mit den vielen Unterschriften, abgeschickt von Dir und Werner ist auch hier.

In Chile ist nun der Wahlkampf[2] vorüber, hier ist echte Sommerflaute in jeder Beziehung. Für aktive Menschen schwer erträglich.

Du weißt, dass die Zeit um die Jahreswende für uns nicht leicht war. Wir versuchen nun, das Beste aus der Situation zu machen. Die Wärme und die Ruhe tun Erich gut.

Wir möchten Dir die Hand drücken und noch einmal alles Gute für 1994 wünschen, dass Dich sicher wieder ebenso aktiv sehen wird wie bisher.

Herzlich
Margot und Erich

1 Traditionell findet am zweiten Wochenende im Januar die Liebknecht-Luxemburg-Demonstration in Berlin-Friedrichsfelde statt, mit der an die beiden am 15. Januar 1919 ermordeten Revolutionäre und andere Persönlichkeiten erinnert wird, die hier beigesetzt wurden. Diese Ehrung in der Gedenkstätte der Sozialisten überlebte die DDR, zum »Stillen Gedenken« am 9. Januar 1994 kamen rund 80 000 Menschen aus der ganzen Bundesrepublik.

2 Im März 1994 wurde nach einer verkürzten Legislaturperiode ein neuer Präsident gewählt. Der Christdemokrat Eduardo Frei, dessen Vater von 1964 bis 1970 Präsident Chiles gewesen war, gewann mit absoluter Mehrheit und sollte am 11. März 1994 als Nachfolger von Patricion Aylwin vereidigt werden. Frei amtierte bis 2000.

3 Handschriftliches Signum Erich Honeckers.

Santiago, den 8. März 1994

Liebe Eva,

natürlich haben wir am Internationalen Frauentag[1] an Dich gedacht. Sollten wir uns wirklich noch nicht für den Gramsci bei Dir bedankt haben? Das Bücherpäcken ist spät, weil auf Umwegen, bei uns angelangt. Es lag lange beim Zoll. Da ich es selbst nicht abholen konnte, musste der Abholer erst eine notariell beglaubigte Vollmacht besorgen und vorweisen. Jeder will hier verdienen, so der Zoll, die Notare und, und, und. Vielen Dank für diese Neuausgabe. Die alten Ausgaben befinden sich bei unseren Büchern, die irgendwo lagern.

Was sollen wir uns sagen? Die Krankheit Erichs schreitet erkennbar fort. Glücklicherweise ist er von Schmerzen verschont.

Dank der engen Kontakte mit Dir und den anderen Genossen nehmen wir Anteil am Kummer, an den Sorgen und den Freuden, an jedem noch so kleinen Erfolg für unsere Sache. In Gedanken waren wir mit Euch bei Werners letztem Gang[2]. Er war uns ein Freund über Jahrzehnte.

Wir verfolgen nach wie vor alles Geschehen in deutschen Landen. Zu beobachten, wie sich die großen Parteien vor den Wahlen[3] gegenseitig vorwerfen, mit der DDR »gekungelt zu haben, ist manchmal recht amüsant, da man sich letztlich dann doch noch einmal bescheinigt, mit einem rechtmäßigen, souveränen Staat verhandelt zu haben. Die DDR ist nicht aus der Geschichte zu streichen, es ist so töricht, aber Politiker und Historiker geben sich weiterhin große Mühe. Aber ob das hilft?

Was wird man noch alles erfinden, um von Unzufriedenheit, Streikbereitschaft und nicht unbegründeter Angst vor einem Krieg abzulenken? Manchmal scheint es, und das ist nur zu natürlich und menschlich, dass die tägliche Existenzangst die Sorge um die Existenz der Menschheit verdrängt. An die Schreckensbilder über den Krieg, mit dem die Medien die Menschheit überfüttern, gewöhnen sich die Menschen allzu schnell. So gilt es immer wieder, ihnen die Augen zu öffnen. Aber davon braucht man Dich ja nicht zu überzeugen. Du stehst ja mittendrin im kapitalistischen Leben.

Liebe Eva, während es bei uns auf den Winter zugeht, kehrt bei Euch bald der Frühling ein, das stimmt das Leben doch wieder ein wenig froher.

Sei lieb gegrüßt von uns beiden
Margot

1 Den Internationalen Frauentag initiierte die deutsche Sozialistin Clara Zetkin, sie schlug auf der Zweiten Internationalen Sozialistischen Frauenkonferenz am 27. August 1910 in Kopenhagen die Einführung eines internationalen Frauentages vor, ohne jedoch ein bestimmtes Datum zu favorisieren. Die Idee dazu kam aus den USA. Dort hatten Frauen der Sozialistischen Partei Amerikas (SPA) 1908 ein Nationales Frauenkomitee gegründet, welches beschlossen hatte, einen besonderen nationalen Kampftag für das Frauenstimmrecht zu initiieren. Dieser erste Frauentag in den USA wurde am 28. Februar 1909 begangen. Der erste Frauentag wurde am 19. März 1911 in Dänemark, Deutschland, Österreich-Ungarn und der Schweiz gefeiert. Mit der Wahl des Datums sollte der revolutionäre Charakter des Frauentags hervorgehoben werden, denn der Vortag, der 18. März, war der Gedenktag für die Gefallenen während der Märzrevolution 1848. Außerdem hatte auch die Pariser Kommune 1871 im März begonnen. Am 8. März 1917 – nach dem damals in Russland verwendeten julianischen Kalender der 23. Februar – streikten in Petrograd die Bewohnerinnen der armen Stadtviertel auf der Wyborger Seite. Arbeiterinnen, die Ehefrauen von Soldaten und erstmals auch Bäuerinnen gingen gemeinsam auf die Straße und lösten so die Februarrevolution aus. Zu Ehren der Rolle der Frauen in der Revolution wurde auf der Zweiten Internationalen Konferenz kommunistischer Frauen 1921 in Moskau auf Vorschlag der bulgarischen Delegation der 8. März als internationaler Gedenktag eingeführt.

Nach anderer Darstellung war es, nach Aufforderung von Alexandra Kollontai und anderen Vorkämpferinnen, Lenin, der in jenem Jahr den 8. März zum »Internationalen Frauentag« erklärte.

2 Werner Cieslak.

3 1994 war ein sogenanntes Superwahljahr. Der Wahl des Bundespräsidenten am 23. Mai (Roman Herzog) folgte am 16. Oktober die Bundestagswahl. Zudem fanden Landtagswahlen in Niedersachen (13. März), Sachsen-Anhalt (26. Juni), Brandenburg und Sachsen (11. September), in Bayern (25. September) sowie in Thüringen, im Saarland und in Meckenlenburg-Vorpommern (16. Oktober) statt. In neun Bundesländern fanden außerdem Kommunalwahlen statt.

Santiago, den 18. April 1994

Liebe Eva,

wir beide senden Dir Grüße zum 1. Mai. Auch dieser Tag erinnert an den langen, von Siegen und Niederlagen begleiteten Weg der internationalen Arbeiterbewegung. Die deutsche Arbeiterklasse hatte und hat eine große Verantwortung, aber sie steht nicht allein, sie kämpft mit allen Unterdrückten dieser Welt. Und diese werden sich rühren auf allen Kontinenten. Manchmal ist es gut, über unseren oft so quälenden Alltag hinauszublicken, um Kraft zu schöpfen für das Schwere, was es täglich zu bewältigen gilt.

Wir wünschen Dir auch weiterhin viele gute Ideen und die Kraft, sie umzusetzen.

Sei herzlich gegrüßt

Margot
Erich[1]

P. S.: Danke für die Geburtstagsgrüße[2]

1 Handschriftliches Signum Honeckers.

2 Margot Honecker feierte am 17. April ihren 66. Geburtstag.

Santiago, den 23. Juni 1994

Liebe Eva,

Erich konnte Dir auf Deine letzten Briefe nicht mehr antworten. Uns beiden fehlte in den letzten Monaten und Wochen die Kraft.[1]

Du warst immer mit ihm solidarisch, besonders in den schweren Monaten der Haft. Er hat das nie vergessen, und ich will Dir dafür noch einmal meinen Dank sagen.

Liebe Eva, Du hast in Deinen Briefen nach so vielen Dingen gefragt, was unbeantwortet geblieben ist. Vielleicht findest Du auf einige Fragen Antwort in Erichs »Moabiter Notizen«.[2]

Ich grüße Dich ganz herzlich und danke Dir für Deine guten Worte.
Deine Margot

1 Erich Honecker war am 29. Mai 1994, etwa drei Monate vor seinem 82. Geburtstag, dem Krebsleiden erlegen. Nach der Trauerfeier wurde die Urne an einem nur der Familie bekannten Ort in Santiago beigesetzt.

2 Erich Honeckers »Moabiter Notizen« erschienen noch im Juni 1994 im Berliner Verlag edition ost und erlebten mehrere deutsche Auflagen, Übersetzungen erschienen in Russland, Serbien, China, Griechenland, Vietnam, es gab Ausgaben in spanischer und englischer Sprache.

Santiago, den 28. August 1994[1]

Liebe Eva,

hab Dank für Deinen Brief vom 14. August. Ich bin sehr froh, dass ich auch weiterhin Kontakte mit Euch in Deutschland und mit Genossen in verschiedenen Ländern habe. So bin ich nicht ganz so fern von dem, was Euch bewegt.

Verfolgt man die Ereignisse in Deutschland und der Welt, sieht man die sich zuspitzenden Widersprüche auf ökonomischen, sozialen und politischen Gebieten, innere und äußere Widersprüche auf allen Kontinenten. Die imperialistische Mafia drückt mit geballter Macht auf China, Korea, Vietnam und vor allem auf Kuba. Die historischen Bedingungen Kubas, die gesellschaftlichen Verhältnisse sind in keiner Weise vergleichbar mit denen der DDR, vergleich aber ist, wie die USA die Sache mit den Flüchtlingen[2] organisieren, wie sie versuchen, den Druck auf die innere Lage zu verstärken, damit Kuba eine »demokratische Wende« vollziehen möge. Das gleicht doch sehr der bei uns angewandten Regie.

Hast Du verfolgt, wie viele Wahrheiten nun schon das Licht der Welt erblickten? Ich komme darauf wegen der Zeitungsausschnitte, die Du mir schicktest. Nun wurde ganz öffentlich vom ehemaligen Reform-Ministerpräsidenten Ungarns[3] kundgetan, dass die DDR-Bürger nicht spontan die Grenze nach Österreich überrannt hätten, sondern dass dies die »Reformer« organisiert haben. Und Herr Genscher[4] erklärte dieser Tage: Wir waren ständig informiert.

Vergangene Woche wurde nun auch öffentlich erklärt, dass die NVA der DDR 1968 (Prager Frühling) nicht eingesetzt worden war. Jahrelang wurde das den Menschen suggeriert.[5]

In Moskau wurde veröffentlicht, dass es keinen Putsch gab, um das Ende der Sowjetunion herbeizuführen, sondern das Ende der SU wurde mit der Politik Gorbatschows herbeigeführt. Das sagen nun nicht mehr nur die Genossen dort. Die Welt ist irgendwie kleiner geworden, nichts bleibt mehr verborgen.

Hoffentlich begreifen bald mehr und mehr der Unsrigen, was wirklich geschah, und dass so mancher den Lügen aufgesessen ist.

Ja, Eva, da sind wir uns einig: Links muss man zusammenstehen gegen Rechts. Es ist notwendig, Aktionseinheiten zu schaffen. Und Du hast recht: Unter den »demokratischen Sozialisten« gibt es viele, die ehrlichen Willens sind. Aber dort sind auch jene, die Kommunisten angreifen, sie als Erste angegriffen haben. Man muss halt differenzieren.

Es freut mich, dass Dir Erichs Buch[6] etwas geben konnte. Er hätte so viel mehr sagen können. Aber dazu reichte die Kraft nicht mehr.

Ich wünsche Dir alles Gute und hoffe wieder von Dir zu hören.

Herzliche Grüße
Deine Margot

1 Drei Tage zuvor hätte Erich Honecker seinen 82. Geburtstag begangen. Der nachfolgende Hinweis auf die Kontakte deutet darauf hin, dass aus diesem Anlass besonders viel Post in Santiago eingegangen war. Nicht nur von Eva Ruppert. Und Margot Honecker signalisiert, die Korrespondenz ihres verstorbenen Mannes fortsetzen zu wollen, was sie bis 2016 dann auch tat.

2 Im August 1994 war es erstmals seit der Revolution zu Massenunruhen in Kubas Hauptstadt gekommen, »Maleconazo« oder »Habanazo« genannt. Forciert durch Rundfunkpropaganda hatten einige tausend Menschen gegen die Verschärfung der Lebensbedingungen protestiert. Der Wegfall der einst großen Hilfe der sozialistischen Staaten, insbesondere die der Sowjetunion, hatte zu einer dramatischen Verschlechterung der Versorgung geführt. Dieser »periodo especial« versuchten Menschen – dazu vornehmlich von Exilkubanern auf Miami durch »Radio Marti« animiert –, mit einer Flucht übers Meer zu entkommen und wurden daran oft von den Grenzsicherungskräften Kubas gehindert. Fidel Castro deeskalierte, in-

dem er auf dem Malecón erschien, redete und die Leute nach Hause schickte. Im September 1994 vereinbarten Kuba und die USA, dass die USA 20 000 Einreise-Visa erteilen würden. Im Mai 1995 begann die sogenannte *wet foot dry foot policy*. Diese bedeutete, dass ein kubanischer Flüchtling, der US-amerikanischen Boden erreichte, in den USA bleiben durfte, dagegen wurden jene, die auf offener See von Schiffen Kubas oder der USA aufgebracht wurden, nach Kuba zurückgeschickt.

3 Gemeint ist Gyula Horn, der am 15. Juli 1994 zum Ministerpräsidenten berufen worden war. Horn hatte als Ungarns Außenminister am 27. Juni 1989 gemeinsam mit seinem österreichischen Amtskollegen symbolisch bei Sopron Grenzsicherungsanlagen durchtrennt und am 19. August ein »Paneuropäisches Picknick« veranstalten lassen, bei dem einige hundert DDR-Bürger geflohen waren und andere zur Nachahmung veranlasst wurden. Horn teilte am 10. September im Fernsehen mit, dass Ungarn den DDR-Bürgern, die sich im Land aufhielten, die Ausreise gestatten werde. Dass die BRD maßgeblich die »Öffnung des Eisernen Vorhangs« beeinflusst hat, wird u.a. im Telegramm des Bundeskanzlers Helmut Kohl an Ungarns Ministerpräsidenten Miklós Németh vom 4. Oktober 1989 deutlich. Zuvor hatten sich Németh und Horn geheim mit Kohl und Bundesaußenminister Genscher in Bonn getroffen. »Sehr geehrter Herr Vorsitzender [Nemeth], für die Bundesregierung und für mich persönlich war es von Anfang an erklärte Politik, die von Ihrem Land eingeleiteten historischen Reformen hin zu mehr Menschenrechten, zu politischem und gesellschaftlichem Pluralismus, zu Rechtsstaatlichkeit, zu Marktwirtschaft und Privatinitiative nachdrücklich zu unterstützen. Heute kann ich Ihnen mitteilen, dass die Bundesregierung grundsätzlich bereit ist, die Garantie für den Kredit aus 1987 um 500 Millionen DM aufzustocken. Damit kann Ihre Regierung zusammen mit der parallelen Kreditaktion der Bundesländer Bayern und Baden-Württemberg mit einem deutschen Beitrag in Höhe von einer Milliarde DM rechnen. Mit freundlichen Grüßen, Ihr Helmut Kohl« (s. Peter Brinkmann, Zeuge vor Ort, edition ost, Berlin 2014, S. 168)

4 Hans-Dietrich Genscher (1927–2016) war Bundesaußenminister von 1974 bis 1992.

5 An der militärischen Intervention des Warschauer Vertrages war die DDR nicht beteiligt. Walter Ulbricht hatte nicht zuletzt mit dem Hinweis auf die Besetzung der Tschechoslowakei durch Deutschland 1938/39 eine Beteiligung der NVA verhindert. Dies hatte die DDR jedoch nicht öffentlich gemacht, was es insbesondere der westlichen Propaganda gegen die DDR erleicherte, die Lüge in die Welt zu setzen, die DDR habe an der »Zerschlagung des Prager Frühlings« mitgewirkt.

6 Erich Honecker, Moabiter Notizen, edition ost, Berlin 1994.
Dem am 29. Mai 1994 verstorbenen Erich Honecker widmete Eva Ruppert ein Gedicht, das sie in jenen Tagen schrieb:

Nach-Ruf

Der Genosse ist tot:
ein Kommunist.
Sie sagen:
»Der Kommunismus ist gestorben.«
Der Genosse ist tot:
ein Kämpfer für Gerechtigkeit.
Sie sagen:
»Die Gerechtigkeit ist bei uns.«
Der Genosse ist tot:
ein Mensch.
Sie schweigen.
Sein Kampf
für Menschlichkeit,
für Gerechtigkeit,
für Frieden
lebt weiter
mit allen Kämpfern
für eine bessere Welt.
Also
ist der Genosse zwar gestorben,
aber er ist nicht tot.

Santiago, den 21. Oktober 1994

Liebe Eva,

ich habe mich sehr über Deine Grüße zum 7. Oktober[1] gefreut. Dank auch für den interessanten Artikel.

Du hast Dich wieder einmal geärgert über das, was so in den bürgerlichen Medien daherkommt. Nimmt man die aktuellen »Informationen« pur, so könnte man glauben, es gibt in dieser Welt nur noch Schufte, Verrückte und Katastrophen. Ich habe mir schon lange angewöhnt, ganz ruhig zu bleiben und die Nachrichten darauf zu hinterfragen, warum dieses oder jenes zu einem bestimmten Zeitpunkt (auftragsgemäß) hochgespielt und mit welcher Absicht es so oder so interpretiert wird? Wer lässt sich warum wohl kaufen oder geht aus Dummheit oder Unwissenheit in eine Falle und lässt sich missbrauchen? Es regt mich nicht sonderlich auf, wenn wieder einmal gesudelt wird.

Wir müssen wohl mit dieser antikommunistischen Propaganda leben, was nicht heißt, sie einfach hinzunehmen.

Was unsere Genossen betrifft, die vor Gericht stehen, so muss man abwarten, wie Karlsruhe entscheiden wird.[2] Aber wie auch immer: Die Solidarität muss weitergehen mit allen, die verfolgt werden und mit den Hunderttausenden, denen während des Kalten Krieges[3] und mit der Okkupation der DDR maßloses Unrecht zugefügt wurde.

Ich freue mich für Dich, dass Du an dem Treffen des französischen Komitees[4] teilnimmst. Schon seit unserem Aufenthalt in Moskau stehen wir mit ihm in Verbindung. Du weißt sicher, dass das »Solidaritätskomitee Erich Honecker« seine Arbeit auf die internationale Solidarität ausgerichtet hat. Sie wird immer wichtiger.

Liebe Eva, ich wünsche Dir Gesundheit und grüße Dich herzlich
Deine Margot

1 »Tag der Republik« in der DDR. Sie war am 7. Oktober 1949 gegründet worden.

2 Im Juli 1994 hatte vor dem 5. Senat des Bundesgerichtshofs die Revisionsverhandlung gegen Keßler, Streletz und Albrecht stattgefunden. Das Urteil gegen Keßler und Streletz war bestätigt, dass gegen Albrecht um ein halbes Jahr erhöht worden. Im Unterschied zum Berliner Landgericht ging der BGH nicht mehr von Anstiftung, sondern von unmittelbarer Täterschaft aus. Dagegen legten die drei Verurteilten Einspruch beim Bundesverfassungsgericht ein. Die Haft wurde bis zur Entscheidung des BVG ausgesetzt, die drei erhielten ihren Pass zurück und durften Berlin verlassen. Auf seiner Sitzung am 26. Oktober 1996 wies der 2. Senat des BVG die Verfassungsbeschwerden zurück. Damit wurden die Urteile des Landgerichts bestätigt.

3 Am 16. November 1988 war in Düsseldorf die »Initiativgruppe für die Rehabilitierung der Opfer des Kalten Krieges« (IROKK) gegründet worden. Aufgrund des KPD-Verbots hatten Staatsanwälte in den 50er und 60er Jahren bis zu 200 000 Ermittlungsverfahren eingeleitet, es erfolgten zwischen 7000 und 10 000 Verurteilungen. Zahlreiche in den Verdacht kommunistischer Aktivität geratene Menschen verloren – auch durch Denunziationen des Verfassungsschutzes – ohne Verurteilung ihre Arbeitsplätze. In den 70er und 80er Jahren kamen aufgrund des »Radikalenerlasses« ungezählte Berufsverbotsopfer hinzu.

4 »Comité Erich Honecker de Solidarité Internationaliste«

Santiago, den 11. Dezember 1994

Liebe Eva,

Du sollst wissen, dass ich an Dich an der Schwelle eines neuen Jahres denke. Ich wünsche Dir alles erdenklich Gute und weiterhin Zuversicht und Kraft für Deinen unermüdlichen Einsatz für unsere gemeinsame gute Sache.

Deine Margot

P. S.: Dein Brief nach der Parisreise ist angekommen, ich schreibe Dir bald mehr.

Weiterhin gute Zusammenarbeit
Manfred und Ed. Feist[1]

1 Offenkundig waren Margot Honeckers Bruder Manfred Feist (1930–2012) und dessen Frau Edith im Dezember 1994 Gast in Santiago. Es war ihr letzte Besuch in Chile. Manfred Feist erlitt im Jahr darauf einen Schlaganfall und war halbseitig gelähmt, er verbrachte die folgenden sieben Jahre im Rollstuhl.

Santiago, den 25. Januar 1995

Liebe Eva,

der »Maulwurf im Winter«, das Foto aus Paris und Deine lieben Grüße zum neuen Jahr sind jetzt bei mir gelandet. Es gab hier einen Streik der Postler, deshalb war die Post lange unterwegs. Ich hoffe, dass Du inzwischen meine Grüße erhalten hast.

Von der Sitzung des Soli-Komitees und der Demo nach Friedrichsfelde[1] haben mir die Genossen ausführlich berichtet. Sie waren alle recht froh, wieder einmal gespürt zu haben, wie viel Kraft solche gemeinsamen Treffen geben.

Kraft werden wir alle brauchen, denn 1995 wird's nicht leichter werden. Immer mehr soziale Lasten werden den Menschen aufgebürdet, und die Politik der politischen und der sozialen Ausgrenzung, der Kriminalisierung der DDR, ihrer Politik und ihrer Politiker, wird stur fortgesetzt – und das im Namen von Demokratie, Rechtsstaatlichkeit und Sozialstaat. So wird – wenige Jahre nach dem Wiedererstehen Großdeutschlands – unverhohlen nach außen und innen Machtpolitik demonstriert. Es war zu erwarten. Wer anderes erhoffte, wird nun eines anderen belehrt.

Wie wichtig wäre es angesichts dieser Entwicklungen über Trennendes hinweg zusammenzustehen gegen die Verletzung der elementaren Menschenrechte? Es ist schwer, gegen den weit verbreiteten Reformismus anzugehen, ohne ins Sektierertum abzugleiten. Es ist die Zeit gekommen, wo die Parteien ihr politisches Profil genauer bestimmen müssen.

Hoffentlich vergessen wir bei allen notwendigen Klärungsprozessen im Innern nicht die Probleme, die vor den Menschen stehen, die ihre Interessen vertreten sehen wollen? Klären ja, aber nicht selbst zerfleischen zum Gaudi der Rechten. Na, wir werden sehen.

Ich hoffe, Dir geht es gut. Hier ist Sommer, er macht das Leben etwas angenehmer.

In alter Freundschaft sei gegrüßt
Deine Margot

1 Die traditionelle Liebknecht-Luxemburg-Demonstration am zweiten Sonntag im Januar.

Santiago, den 2. März 1995

Liebe Eva,

danke für Deinen Brief vom 19. Februar. Ich entnehme daraus, dass Manfred[1] Dir ein bisschen berichtet hat über seinen Aufenthalt. Der Besuch hat mir sehr gut getan. Man muss seine Meinungen ab und zu direkt austauschen können.

Ich hörte, dass die Berliner sich wegen der laufenden und schwebenden Prozesse an die internationalen Organisationen, die sich mit Menschenrechtsfragen befassen, wenden wollen. Das ist gut so.

Wie Du immer wieder versuchst, mit Deinen Schülern ins politische Gespräch zu kommen, imponiert mir sehr. Die »politische Klasse«, vor allem in Deutschland, versucht nun wieder alles, den 8. Mai auf keinen Fall als das bestehen zu lassen, was er doch war und bleiben wird: der Tag der Befreiung vom Hitlerfaschismus. Da faseln sie vom Ende des Krieges und unterstellen die Verantwortung für diesen Krieg Hitler und Stalin. Die Sieger schreiben heute Geschichte, und sie kennen keine Skrupel zu lügen, das Volk zu verhetzen.[2]

Ich denke, die ganze »Stalinismus«-Diskussion, die da den links Stehenden aufgezwungen wird vom Gegner, sollte nicht dazu verführen, in diese einzusteigen. Das wollen sie doch. Meinst Du nicht auch, dass sie damit das Ziel verfolgen, weiter Zwiespalt zu säen, abzulenken von den heute erforderlichen theoretischen und praktischen politischen Problemen und Schritten? Und vor allem wollen sie alle, die für den Fortschritt eintreten, mit dem »Gespenst des Stalinismus« mundtot machen, so wie sie mit dem Gespenst des Bolschewismus Millionen in ihren mörderischen Krieg gegen den ersten sozialistischen Staat gehetzt haben.
Das muss man klarstellen: dass dies purer Antikommunismus ist. Angesichts des Großangriffs der Konzerne und der ihnen dienenden Politik gegen die Interessen der Menschen muss man den

Widerstand dagegen organisieren und sich nicht ablenken lassen auf eine Diskussion, zu der unsere Bewegung bereits Position bezogen hat.

Vom PDS-Parteitag[3] habe ich nichts anderes erwartet. Er ist für die gesunden Kräfte schwer, angesichts der Politik dieser Führung dort auszuharren. Aber welche Alternative hätten sie zur Zeit?

Von S. Wagenknecht habe ich recht kluge Veröffentlichungen gelesen. Das Buch[4] habe ich leider noch nicht.

Du hast recht, man müsste so vieles schreiben. Es bewegt uns so viel mehr, was leider in Briefen nur schwer zu sagen ist.

Es grüßt Dich in alter Freundschaft ganz herzlich
Deine Margot

1 Bruder Manfred Feist

2 Aus Anlass des 50. Jahrestages des Endes des Zweiten Weltkrieges hat Bundespräsident Roman Herzog einen schlichten Staatsakt in Berlin angeordnet, meldeten die Blätter. Die Streitfrage, ob der 8. Mai 1945 für die Deutschen ein Tag der Niederlage oder ein Tag der Befreiung gewesen sei, hält Herzog für »nicht sehr fruchtbar«. Und der Bundeskanzler erklärte, der 8. Mai müsse »Raum für vielerlei Empfindungen bieten«, »keiner hat das Recht festzulegen, was Menschen an diesem Tag in ihren Erinnerungen zu denken haben«. Polen, das erste überfallene Land, wurde vom Festakt ausgeschlossen. Kohl sagte, man könne schließlich nicht auch noch Dänemark, die Niederlande, die Slowakei und andere vom Zweiten Weltkrieg betroffene Staaten einladen. Kommen sollten nur die, die 1990 auch etwas zur deutschen Vereinigung beigetragen hätten.

3 Ende Januar 1995 hatte die 1. Tagung des 4. Parteitages in Berlin getagt und Lothar Bisky erneut für zwei Jahre zum Parteivorsitzenden gewählt. Er oder Sahra Wagenknecht, hatten Bisky (und Gysi) zuvor öffentlich erklärt. Im *Spiegel* vom 6. Februar 1995 hatte es geheißen: »Auch der sonst so abgebrühte Gregor Gysi wäre auf dem PDS-Parteitag am vorletzten Samstag beinahe ausgeflippt, als Bisky seine Kontrahentin, die bekennende Stalinistin Sahra Wagenknecht,

fast flehentlich um Verzeihung bat, weil er sie so hart habe angehen müssen. Polarisieren und Zuspitzen geht ihm gegen sein Gemüt. PDS-Chef zu sein sei der ›abenteuerlichste Job in Europa‹, jammert er. Anstatt der einen Partei, die früher immer recht hatte, gebe es jetzt deren zehn, und die ›haben auch recht‹. Das ist Bisky pur: Der Mann wäre unglücklich, wenn er nicht zwischen mindestens drei oder vier Streithähnen schlichtend vermitteln dürfte. Natürlich hat er die Partei erpresst, als er sie vor die Wahl stellte, entweder seine Reformwünsche, niedergelegt in fünf Punkten, anzunehmen und sich von den stalinistischen Positionen abzugrenzen oder auf ihn als Vorsitzenden zu verzichten – ein normaler Vorgang im politischen Geschäft. Nicht für Bisky, die ehrliche Haut. Der PDS-Vorsitzende empfindet es fast schon als unerlaubte Nötigung, seinen Willen durchsetzen zu müssen.« In der *Zeit* vom 27. Januar 1995 las man zu dem Richtungsstreit: »Vorstandsmitglied Karin Dörre meint, die ›Austreibung des stalinistischen Teufelchens Sahra Wagenknecht‹ solle zum Brautpreis für die Zusammenarbeit mit der SPD werden und ersetze die vorbehaltlose Auseinandersetzung mit der Vergangenheit; deshalb trete sie nun aus der Partei aus.«

4 »Zu jung, um wahr zu sein? Gespräche mit Sahra Wagenknecht«, Interview-Band von Hans-Dieter Schütt. Dietz, Berlin 1995.

Santiago, den 30. April 1995

Liebe Eva,

nur ganz kurz einen lieben Gruß. Mich hat eine heftige Grippe erwischt. Die Familie hat sie schon hinter sich. Die Grippe ist dem beginnenden Winter geschuldet, der hier ausgesprochen hässlich ist.[1]

Ich habe viel Post mit allen neuen Nachrichten bekommen. Von Dir ist alles eingetroffen. Die offizielle Politik zum 8. Mai ist unglaublich in ihrer brutalen Offenheit und Heuchelei zugleich. Die Opfer heuchlerisch betrauernd, wird aus dem Gedenken zur Befreiung vom Faschismus die Wiederentstehung oder Fortsetzung faschistischer Ideologie und großdeutschen Revanchismus'. Wie die Völker, die leidgeprüften Völker der SU vor allem, beleidigt werden, tut weh.

Der Rechtstrend im alten Europa ist da, aber wie Italien, Frankreich oder die osteuropäischen Länder zeigen, gibt es auch eine Stimmung für links. Es ist viel in Bewegung, auch hier auf dem Kontinent, siehe Mexiko und Argentinien.

Erich hat, bis er vor fast einem Jahr die Augen schloss, ohne jede Illusion davon gesprochen, und er hat es schon 1989/90 geschrieben, dass die Menschheit sich zur Wehr setzen wird gegen dieses System, dass seine Überlebenschancen nur noch im Abbau von Demokratie und der Ignoranz der Menschenrechte sieht. Das Verschwinden der sozialistischen Länder Europas macht nun seit fünf Jahren noch deutlicher, nun für viele erst erlebbar, was Kapitalismus ist, was er den Menschen beschert.

Nun muss ich aber Schluss machen mit meinem Monolog – im Bett schreibt es sich schlecht und im Raum ist es zu kühl.[2]

Übrigens bin ich froh über die Position der DKP und ihre prinzipielle und flexible Haltung zur PDS und das Aktionsprogramm.[3] Nun müssten sich die Kommunisten doch bald zumindest in der

Aktion einigen können. Man darf nicht ungeduldig sein. Vieles hat sich seit der »Wende« schon gewendet. Mancher hat es so schnell nicht erwartet. Aber denk nicht, dass ich nun Illusionen hätte.

Ich hoffe, Dir geht es gut.

Sei herzlich gegrüßt
Margot

1 Wiederholt beklagte Margot Honecker gegenüber Dritten den hässlichen Winter in Santiago, er wäre wie drei Monate nasskalter, trüber November in Berlin.

2 Das Schlafzimmer befand sich im Obergeschoss des Hauses, das lediglich von einem einzigen Nachspeicherofen im Erdgeschoss beheizt wurde. Zudem bestanden die Fenster nur aus einfachem Glas. So aber schauen die meisten Wohnungen in Chile aus, was Margot Honecker einmal zu der lakonischen Feststellung veranlasste, dass man hier keine »ordentlichen Häuser« bauen könne.

3 In der DKP wurde die Diskussion zum Stalinismus aufgenommen. Auf Kurt Gossweilers Beitrag in den *Weißenseer Blättern* (»Der Anti-Stalinismus – das Haupthindernis für die Einheit aller antiimperialistischen Kräfte und der kommunistischen Bewegung« reagierten Will Gerns und Robert Steigerwald polemisch in der *UZ (http://www.dkp-online.de/marxbild/doku/antistal.pdf)*

Santiago, den 5. Juli 1995

Liebe Eva,

hab Dank für Deine warmherzigen Zeilen vom 7. Juni. Ich bin sehr betroffen von Manfreds Zustand.[1] Bis heute hat sich noch keine Veränderung abgezeichnet. Froh bin ich, dass meine Freunde und Genossen sich um seine Frau sorgen. Mit ihr und Werner [Engst] bin ich in ständigem Kontakt. Es ist so schwer für seine Frau, und es wird nicht leichter werden.

Mir fehlt Manfred schon jetzt. Er ist nicht nur mein Bruder, sondern einer meiner besten Genossen. Er hat so viel für Erich und mich getan.

Ich bin Dir sehr dankbar, dass Du immer, trotz Schulstress und politischen Aktivitäten, an mich denkst. Deine Veranstaltungen zum Tag der Befreiung haben sicher Spuren in den Herzen und Köpfen der jungen Leute hinterlassen, auch wenn sie das heute sich vielleicht nicht eingestehen mögen. Der Artikel im *Taunus-Kurier* war recht positiv.

Nun sind wir schon wieder soweit: Deutsche »Tornados« fliegen nach Jugoslawien.[2] Großdeutschland geht unbeirrt seinen Weg. Ja, und noch immer gibt es keine wirksame Opposition.

Es ist betrüblich, dass sich die unseren noch immer im Kleinkrieg zerfleischen. Inzwischen stehen die großen Kriege ins Haus. Und trotzdem: Wir müssen Geduld haben und den Optimismus nicht verlieren.

Liebe Eva, für heute sei herzlich gegrüßt
Deine Margot

P. S.: Vorige Woche bekam ich vom französischen Komitee die Nachricht, dass sie die »Moabiter Notizen« übersetzt haben und sich um die Veröffentlichung bemühen. Du weißt vielleicht davon durch Deinen Kontakt nach Paris.[3]

1 Bruder Manfred Feist hatte einen schweren Schlaganfall in Berlin und war zu einem Pflegefall geworden.

2 Der Bundestag hatte dem ersten Kampfauftrag der Bundesluftwaffe in der Geschichte der Bundeswehr zugestimmt. Am 3. August 1995 wurden 14 deutsche Tornado-Jets auf dem norditalienischen Militärstützpunkt Piacenza der NATO unterstellt. Im Rahmen der »internationalen Friedenstruppe« Ifor flogen sie binnen eines Jahres 2200 Einsätze zur Überwachung des »Friedensabkommens« in Bosnien.

3 Henri Alleg (1921–2013), ein berühmter Widerstandskämpfer im Algerien-Krieg; Georges Gastaud, Sohn eines Résistance-Angehörigen, geboren 1951; und der Arbeiterpriester Désiré Marle (1920–2013).

Santiago, den 18. Oktober 1995

Liebe Eva,

sei nicht böse, dass ich so saumselig war. Die Briefschulden haben sich bei mir ein wenig angehäuft. Ich hatte Besuch von österreichischen Genossen und einem chilenischen Genossen, der in Frankreich lebt und im dortigen Solidaritätskomitee mitarbeitet. Um den Jahrestag unserer Republik herum, der auch hier nicht vergessen ist, hatte ich einige sehr freundschaftliche Treffen. Das hat mir sehr gut getan.

Liebe Eva, sei nicht so traurig ob unserer augenblicklichen Ohnmacht. Ich verstehe Deine Gefühle nur zu gut. Aber wir müssen dieser Realität ins Auge sehen. Die sich jetzt als Sieger der Geschichte wähnen, schlagen um sich nicht nur, weil sie stark sind. Sie werden so leicht nicht mit ihren inneren Widersprüchen fertig, mit ihren Entwicklungsproblemen. Wie sich zeigt, macht ihnen das, was der Sozialismus ideell hinterlassen hat, schon arg zu schaffen. Sie hatten sich im Glauben gewiegt, jeder Gedanke an eine gesellschaftliche Alternaive zum Kapitalismus habe sich mit dem Ende des Sozialismus erledigt. Nun müssen sie feststellen, dass es nicht wenige Menschen gibt, die nicht nur soziale Sicherheit vermissen, sondern immer häufiger moralische, menschliche Werte, die sie gelebt und erlebt haben, einfordern. Das ist mehr als nur Nostalgie, das sind Keime für die Zukunft, meine ich.

Natürlich, wenn man die satten Bürger um sich sieht und die vielen, die nur dulden ohne sich zu wehren (ich lebe ja auch inmitten einer kapitalistischen Gesellschaft), packt einen manchmal Verzagheit. Aber es gibt sie, die anderen, die ihre Rechte einfordern. Sicher, es steht keine Revolution auf der Tagesordnung. Aber der Kampf um die Menschenrechte (ein Begriff, den unsere Gegner missbraucht haben und noch missbrauchen) wird zunehmen. Da gehen die Schwarzen in den USA auf die Straße, die Bauern-Indianer in Mexiko kämpfen um ihre Rechte, die französischen Gewerkschaften demonstrieren gegen Sozialabbau und, und, und.

Sicher, der deutsche Michel wird wieder etwas lange schlafen. Wieder wird der Bürger besoffen gemacht mit dem »Großdeutschtum«. Die Gewerkschaften sind an die Leine gelegt. Die SPD ist in der Tat keine Opposition. Sie sammelt tüchtig Stimmen auf der rechten Seite. Auf die PDS-Führung zu hoffen ist vergebens. Die wollen keine wirkliche Opposition sein. Die Wahlen werden sie natürlich wieder zwingen, stärker in diese Rolle zu schlüpfen.

Ich hoffe sehr, dass die DKP auf ihrem Parteitag den Punkt setzen kann, um die Kräfte zu sammeln, auf die es in der Gegenwart und Zukunft ankommt.

Du wirst vielleicht noch in Italien sein[1], wenn dieser Brief ankommt. Du tust recht daran, Dich an den schönen Dingen dieses Lebens zu erfreuen. Das gibt die nötige Kraft.

Hier beginnt langsam der Sommer. Es grünt und blüht. So lebt es sich leichter.

Danke für Deine »Vögel im Herbst«. Das Gedicht gefällt mir sehr.

Ich umarme Dich
Margot

Bitte entschuldige die vielen Tippfehler. Einige habe ich gemacht, andere die blöde Maschine.

1 Bei der Tochter Corinna in Perugia.

Santiago, den 27. November 1995

Liebe Eva,

Dein Gedicht »Verkleideter Krieg« ist wirklich gut. Kannst Du so etwas nicht in einem Blättchen von uns veröffentlichen?

Wie gut, dass Du in Paris auftreten konntest und so große Zustimmung bekommen hast. Heinz Junge[1] schrieb mir auch darüber. Wenigstens hat die einzige deutsche Teilnehmerin die Sache gut vertreten. Haben an früheren Veranstaltungen nicht mehr von uns teilgenommen. Naja, durch diesen unnötigen Kleinkrieg der Komitees durchzublicken ist nicht einfach. Dabei lässt Solidarität doch eigentlich kein Gegeneinander zu. Es geht doch vereint viel besser, auch wenn man unterschiedlicher Ansicht in politischen Fragen ist. Schade.

Die Prozesse werden nun irgendwie fortgesetzt. Sie wollen ihren Unterdrückungsapparat auf Touren halten, für jetzt und für kommende Zeiten. Der Kampf um die höchsten Profite, um Vormachtstellung der großen Konzerne ist nun national und international in voller Schärfe ausgebrochen. Die Regierenden machen die Politik des Kapitals bis zu der Konsequenz, Interessen auch mit Gewalt, notfalls mit Krieg, durchzusetzen. In Osteuropa vollzieht sich ein Stimmungswandel. Zumindest hat man die Nase voll von den Reformern und ihren Reformen zur Einführung der so freien sozialen Markwirtschaft.[2]

Die Berliner Lektion hat nun bewirkt, dass die SPD ihren Kurs ändern muss, wenn sie links von der Mitte Stimmen holen will. Es ist zu erwarten, dass sie auf die PDS zugeht, auf deren Wähler und auch auf deren Führung. Das ist ein Anspruch mehr an die DKP, sich noch stärker im Osten zu profilieren. Sie hat ja bald ihren Parteitag. Aber das verfolgst Du ja aus nächster Nähe viel besser als ich.

Vom *UZ*-Pressefest haben mir Hamburger Genossen zwei neu erschienene Büchlein mitgebracht. Das eine – »Schuldig für die DDR gelebt zu haben«[3] ist satirisch und kämpferisch geschrieben. Ich musste oft schmunzeln.

Hoffentlich, liebe Eva, hast Du nicht allzu viele Sorgen mit dem Umzug der Tochter usw.

Bleib gesund, ich denke an Dich
Deine Margot

1 Heinz Junge (1914-2004), Jungkommunist vor 1933, antifaschistischer Widerstandskämpfer, acht Jahre Haft in KZ Börgermoor, Sachsenhausen, Mauthausen, befreit am 7. Mai 1945. Gründungsmitglied der FDJ in Dortmund und der VVN, Mitinitiator des Honecker-Solidaritätskomitees. Sein Sohn Reinhard wollte in der *WAZ* eine Todesanzeige am 27. Oktober 2004 schalten und erhielt einen Anruf, dass diese Zeilen nicht so erscheinen dürften: »Sein Leben stand im Zeichen des Kampfes für eine Welt ohne Ausbeutung und Unterdrückung, Faschismus und Krieg. Weder die Folterknechte der Nazis noch die Gesinnungsjustiz der Adenauer-Ära konnten ihn von diesem Weg abbringen.« Die Formulierung »Gesinnungsjustiz der Adenauer-Ära« – und man habe sich da mit den *Ruhrnachrichten* verständigt – würde in beiden Zeitungen nicht erscheinen, hieß es. »Adenauer-Ära« sollte durch »Kalten Krieg« ersetzt werden.

2 1995 fanden Parlamentswahlen u.a. in Estland (März) und Lettland (Oktober) statt, Polen wählte im November einen neuen Präsidenten. Der vormalige Jugendminister Kwasniewski (1985-1987) siegte über Amtsinhaber Walesa in der Stichwahl.

3 Michel Pankow, Schuldig für die DDR gelebt zu haben, spotless, Berlin 1992. Michel Pankow war ein Pseudonym von Klaus Huhn, eines langjährigen Freundes von Margot Honecker. Entweder wusste sie es wirklich nicht, dass er der Autor war, oder sie hatte es verschwiegen.

Santiago, den 14. Februar 1996

Liebe Eva, Du Unermüdliche,

Berlin hast Du hinter Dir, und was steht jetzt an? Ich habe mir durch Deine Schilderung von den Berliner Tagen und die Telefonate mit den Hamburger Genossen gut ein Bild davon machen können. Die spärlichen Meldungen über solche Ereignisse, wenn es denn überhaupt Meldungen darüber gibt, geben oft nichts her.

Dass Kurt Hager sich so politisch klar im Prozess verhält, war nicht anders zu erwarten.[1] Er ist ein aufrechter, gebildeter, sehr erfahrener Genosse, den ich sehr mag. Wir waren durch die Arbeit lange und eng verbunden. Hoffentlich steht er es gesundheitlich durch. Das Alter und ein kampfreiches Leben hinterlassen nun mal Spuren.

Ja, Eva, die Klassenjustiz braucht wieder ihre Kommunistenprozesse, die Deutschen sind auch hierbei wieder Vorreiter. Es ist schon nicht mehr nur die Abrechnung mit der DDR. Der Unterdrückungsapparat ist in Gang gesetzt mit Blick auf die Zukunft. Alles, was sich links regt, soll niedergehalten werden. Mit Lüge, Demagogie und mit dem Polizeiknüppel. Über vier Millionen Arbeitslose, weiterer Sozialabbau – das muss einhergehen mit dem Abbau von Demokratie. Wie soll die herrschende Klasse sonst mit ihren Problemen fertigwerden?

Du fragst, was ich von den Auseinandersetzungen in der PDS halte. So wie ich das aus der Ferne sehe, war der auf dem Parteitag geführte Streit wohl nicht der eigentliche Kern der Meinungsverschiedenheiten. Man kann Opposition im Parlament sein, aber ohne die Orientierung auf den außerparlamentarischen Kampf ist wenig zu machen. Ob man in einer bürgerlichen Regierung mitregiert, ist von Zeit und Umständen abhängig, kann aber derzeit wohl kaum ernsthaft diskutiert werden. Es geht letztlich um die Haltung zur Macht in der PDS, so wie ich es sehe. Will man mit einem »Gesellschaftsvertrag« diese Gesellschaft mittragen, sie nur ein bisschen reformieren, oder will man sie – bitte auch durch Reformen – ablösen? Es ist die Frage, ob der Kapitalismus noch einen zweiten »Arzt am Krankenbett« braucht.[2]

Aber es gibt auch in der PDS nicht wenige Genossen, die in dieser Frage Klarheit haben.

Es ist gut, dass die DKP dies in ihrer Politik in Rechnung stellt. Ich habe vom guten Verlauf des Parteitages der DKP gehört und mich sehr darüber gefreut. Es gibt also in Deutschland eine wirklich marxistische Partei, die sich vorwärts bewegt, totz aller Probleme mit denen sie sich im Innern und außen herumschlagen muss.

Für heute will ich schließen und Dich herzlich umarmen
Deine Margot

Übrigens ist der Vorschlag von Heinz gut. Auch die progressiven Verlage drucken viel Mist, warum nicht einmal zur Abwechslung gute Gedichte?

1 Im sogenannten zweiten Politbüro-Prozess wurden Egon Krenz, Günter Schabowski, Günther Kleiber, Harry Tisch, Kurt Hager, Erich Mückenberger und Horst Dohlus angeklagt. Aus gesundheitlichen Gründen wurden die Verfahren gegen Hager, Mückenberger und Dohlus eingestellt, Tisch verstarb. Das Verfahren gegen die ersten drei Angeklagten wurde am 25. August 1997 mit Urteilsspruch beendet. Das Verfahren gegen Kurt Hager wurde Ende 1996 ausgesetzt, er verstarb im September 1998 mit 86 Jahren.

2 In der DDR-Progaganda wurde die SPD als »Arzt am Krankenbett des Kapitalismus« bezeichnet, weil die Partei, statt ihn zu überwinden, aktiv an dessen Erhaltung mitwirkte. Die Formulierung Margot Honeckers verweist darauf, dass sie fürchtete, dass auch die PDS zur Stabilisierung des Kapitalismus beitragen würde.

Santiago, den 22. April 1996

Liebe Eva,

Deine März-Post mit den Zeitungsausschnitten habe ich, wie immer neugierig auf alle Nachrichten, mit Interesse gelesen. Im Moment bin ich mit Lesestoff eingedeckt. Ich bekam Keßlers Buch[1] und das von H. Axen[2] und andere Veröffentlichungen. Wir sehen, es werden viele Erinnerungen niedergeschrieben.

Die Politik im großen Deutschland geht weiter nach rechts. Vielleicht sitzen die »REPs«[3] demnächst im Bundestag.

Die Politik macht energisch den Weg frei für die eigentlich Herrschenden. Das internationale Finanzkapital hat zum großen Sprung angesetzt. Der Internationalisierungsprozess der Konzerne – unter der Bezeichnung »Globalisierung« geführt – geht einher mit dem skrupellosen Kampf um Vormacht der Mächtigen. Die Schwächeren werden gnadenlos geschluckt. Die Rationalisierung, bedingt durch die wissenschaftlich-technische Revolution – führt objektiv zur massenhaften Freisetzung von Arbeitskräften. Unter kapitalistischen Bedingungen heißt das, Millionen in die Arbeitslosigkeit zu entlassen.

Kein »Bündnis für Arbeit«[4] kann Arbeitsplätze garantieren. Das demagogische Gerede von der Standortsicherung und vom so notwendigen sozialen Frieden soll die Arbeiterklasse, ja die ganze Bevölkerung zum Stillhalten veranlassen. Die Strategie des Kapitals ist scharf auf Entsolidarisierung im nationalen wie internationalen Rahmen gerichtet. Leider unterstützen diesen Kurs die reformistischen Gewerkschaftsführer. Es ist zu hoffen, dass die Auseinandersetzung darüber in den Gewerkschaften geführt wird. Die Furcht, den Arbeitsplatz zu verlieren, ist so groß, dass man sich einlassen wird auf Kompromisse, die einen scheinbaren Vorteil für einen Betrieb oder Zweig bringen, die aber letztlich zur Lähmung des Widerstandes im Interesse aller führt.

Das Theater, das die SPD hinsichtlich einer »Zwangsvereinigung«[5] veranstaltet hat, wird ihr bestenfalls einige Wählerstimmen von rechts bringen. Naja, so wird man salonfähig für eine Große Koalition.

Bei uns beginnt es, winterlich zu werden. Das hat mir und der kleinen Enkelin[6] gleich eine Grippe gebracht, die aber schon überstanden ist. Bei Euch zieht bestimmt endlich Frühlingswärme ein. Hoffentlich habt ihr einen guten, wirklich kämpferischen 1. Mai.

Ich grüße Dich sehr herzlich und wünsche Dir weiter viele gute Ideen

Deine Margot

Dem Brief war ein A4-Blatt beigefügt des »Comité Honecker de Solidarité Internationaliste« in 62320 Rouvroy, auf dem u. a. die »Notes de prison«, die französische Ausgabe der »Moabiter Notizen«, beworben wurde.

1 Heinz Keßler, Zur Sache und zur Person, edition ost, Berlin 1996.

2 Hermann Axen, Ich war ein Diener der Partei. Autobiografische Gespräche mit Harald Neubert, edition ost, Berlin 1996.

3 Umgangssprachliche Bezeichnung für die rechtsextreme Partei »Die Republikaner«. Sie war 1983 von ehemaligen CSU-Mitgliedern in München gegründet worden. 1989 zog die Partei mit sieben Prozent ins EU-Parlament und mit 7,5 Prozent ins Berliner Abgeordnetenhaus ein. Von 1992 bis 2001 saß sie im Landtag von Baden-Württemberg. 1996, als dieser Brief geschrieben wurde, hatten die Reps ihren Zenit überschritten, ihre Mitglieder und Wähler waren zur NPD und zur DVU gewechselt.

4 Das Bündnis, von der SPD angeregt, war nach der »Konzertierten Aktion« (1967–1977) der zweite Versuch eines Arrangements zwischen Gewerkschaften, Arbeitgeberverbänden und Regierung. Im Wahlprogramm der SPD (für die Bundestagswahl 1998) war es als »Bündnis für Arbeit, Innovation und Gerechtigkeit« angekündigt

worden. Nach dem Wahlsieg von SPD und Grünen hieß es »Bündnis für Arbeit, Ausbildung und Wettbewerbsfähigkeit«. Ein Vorläufer des Bündnisses, das »Bündnis für Arbeit und Standortsicherung«, war unter der Regierung Kohl vom IG-Metall Vorsitzenden Klaus Zwickel angestoßen worden.

5 Der Vereinigung von KPD und SPD im April 1946, vollzogen als konsequente Schlussfolgerung aus dem Bruderzwist, der 1933 die Nazidiktatur möglich gemacht hatte, war von der rechten SPD-Führung von Anfang an jegliche Anerkennung verweigert und als »Zwangsvereinigung« denunziert worden. Zum 50. Jahrestag fanden diverse Veranstaltungen statt, die in der Regel den gleichen Charakter hatten wie die am 14./15. März 1996 von der Historischen Kommission der SPD im Berliner Roten Rathaus organisierte wissenschaftliche Tagung. »Unter großer Aufmerksamkeit der Medien bestätigte diese Tagung, dass es keinen Anlass gebe, die Geschichte der SPD neu zu schreiben und vom Begriff Zwangsvereinigung abzurücken. Von einer scharfen wissenschaftlichen Kontroverse war dabei wenig zu spüren«, hieß es dazu in der 1997 veröffentlichten Diplomarbeit von Jörg Klitscher »Zwangsvereinigung oder freiwilliger Zusammenschluss. Die Kontroverse um die Gründung der SED 1946.

6 Viviane Yañez.

Santiago, den 6. Juni 1996

Liebe Eva,

danke für Deinen lieben Brief vom 19. Mai. Du steckst sicher in den Vorbereitungen für das Abitur. Prüfungszeiten sind ja immer, nicht nur für die Schüler, anstrengende Zeiten. Es ist sicher nicht einfach für Dich, alles unter einen Hut zu bringen. Aber es stimmt: Aus den gemeinsamen Aktivitäten mit den Genossen gewinnt man auch immer wieder die notwendige moralische Kraft.

Nun ist in der politischen Landschaft so manches in Bewegung gekommen. Der soziale Protest ist unüberhörbar.[1] Auch wenn es mit Kapital und Regierung mit Unterstützung reformistischer Gewerkschaftsführer gelingen sollte – und das ist nicht auszuschließen, den Deckel auf den kochenden Topf zu setzen, so sind die gegenwärtigen Streiks und anderen Aktivitäten von Bedeutung. Stärken sie doch das Bewusstsein der Arbeiterklasse, dass man sich wehren muss und kann. Die Strategie des Kapitals, die Arbeiter zu entsolidarisieren, greift natürlich auch. Aus Angst, den Arbeitsplatz zu verlieren, geht man in so manchen Betrieben auf Kompromisse mit den Unternehmern ein, die die Arbeitszeit und den Lohn betreffen.

Auch hier wird gestreikt. Kürzlich wurde eine Woche lang eine Kupfermine bestreikt, und zur Zeit sind die Bergarbeiter von Lota in den Hungerstreik getreten. Sie arbeiten unter menschenunwürdigen Bedingungen. Das Kapital ist reich geworden, und die Armut ist bei denen geblieben, die diesen Reichtum mehren.

Vom Düsseldorfer Treffen, an dem Du teilgenommen hast, hat mir auch Jupp Angenfort[2] berichtet. Wieder sind die Antifaschisten in den Kämpfen unserer Tage in der ersten Reihe zu finden. Sie sind sich halt der Gefahr von rechts am ehesten bewusst.

Kanther[3] hat in Gorleben deutlich demonstriert, wie die Staatsmacht des »Rechtsstaates« mit der Opposition umzugehen gedenkt.

Erfreulich ist, wie Du über die Demo in Frankfurt schreibst, dass mehr junge Menschen an bestimmten Protesten beteiligt sind. Und es werden mehr werden, wenn es uns gelingt, vor allem auch junge Leute zum Nachdenken zu bringen.

Der Weltgendarm USA schreibt nun sogar Völkern des ehemaligen Jugoslawien vor, wenn sie zu wählen haben, wenn sie abzusetzen haben, wer vor Gericht zu stellen ist usw. Sie schreiben Staaten wie etwa Mexiko vor, dass sie den den Handel mit Kuba einzustellen bzw. einzuschränken haben. Und Deutschlands Kinkel[4] macht den übrigen Europäern Vorschriften, ist bereit, auch ohne die Amerikaner Europa zu »verteidigen«. Was wohl heißen soll, dass Deutschland es in Europa schon machen werde. Jelzin[5] erhält fürsorgliche Unterstützung, damit man Russland im bisherigen Tempo weiter ausplündern kann. Das alles muss und wird Widerstand hervorrufen.

Unterdessen gehen Prozesse, Verfolgungen, Ausgrenzungen und Verleumdungen weiter. Das Buch von Heinz[6] habe ich natürlich sofort gelesen. Es ist ein sehr guter Beitrag zur Verteidigung unserer Sache. Wir sind in Kontakt.

Liebe Eva, danke, dass Du mir am 29. Mai[7] erneut Deine herzliche Verbundenheit versichert hast.

In diesem Sinne sei herzlich gegrüßt
Margot

1 Entgegen der Wahrnehmung durch Margot Honecker lag die Zahl der Arbeitskämpfe im laufenden Jahr weit unter der der vorangegangenen Jahre und sollte noch weiter zurückgehen. Im ganzen Jahr 1996 legten gerade einmal 165749 Werktätige in 200 Betrieben die Arbeit nieder – im Vergleich zu 1992 streikten bundesweit fast 600000 in 2466 Betrieben.

2 Jupp Angenfort (1924–2010) wurde nach seiner Rückkehr aus sowjetischer Kriegsgefangenschaft nach Düsseldorf 1949 Vorsitzender der FDJ in der BRD und 1951 jüngster Landtagsabgeordneter in Nordrhein-Westfalen. Nach Verbot von FDJ und KPD klagte man Angenfort wegen Hochverrats an, er wurde vom Bundesgerichtshof am 4. Juni 1955 wegen Vorbereitung eines hochverräterischen Unternehmens, wegen Geheimbündelei und Zugehörigkeit als Rädelsführer zu einer verfassungsfeindlichen Vereinigung zu einer fünfjährigen Zuchthausstrafe verurteilt. In den 60er Jahren floh er, nach seiner zweiten Inhaftierung, während eines Gefangenentransports in die DDR. Von 1988 bis 2002 war er in NRW Landesvorsitzender der Vereinigung der Verfolgten des Naziregimes – Bund der Antifaschisten (VVN-BdA).

3 Manfred Kanther (CDU) war von 1993 bis 1998 Bundesinnenminister und war ein Law-and-Order-Mann. 2000 musste er sein Bundestagsmandat niederlegen, weil er in den 80er Jahren für die hessische CDU, deren Generalsekretär er war, Schwarzgeld in Höhe von mehr als 20 Millionen DM in die Schweiz verbracht hatte. Er wurde dafür am 27. September 2007 wegen Untreue zu einer Geldstrafe in Höhe von 300 Tagessätzen à 180 Euro (insgesamt 54 000 Euro) verurteilt.

4 Klaus Kinkel, vormals Präsident des Bundesnachrichtendienstes (BND), war in der Nachfolge von Genscher von 1992 bis 1998 Bundesaußenminister.

5 Boris Jelzin (1931–2007) amtierte von 1991 bis 1999 als erster Präsident Russlands. Zu seinen ersten Amtshandlungen gehörte das Verbot der KPdSU. Gemeinsam mit seinen Amtskollegen Leonid Krawtschuk (Ukraine) und Stanislaw Schuschkewitsch (Weißrussland) erklärte er nach einem Treffen am 8. Dezember 1991 die Auflösung der Sowjetunion. Russland geriet während seiner Regierungszeit in eine tiefe Wirtschaftskrise, in seiner Amtszeit halbierte sich Russlands Bruttonationaleinkommen. Am 17. August 1998 war Russland zahlungsunfähig, sogar die Guthaben auf Privatkonten wurden eingefroren.

6 Heinz Keßler, Zur Sache und zur Person, edition ost, Berlin 1996.

7 Erich Honeckers zweiter Todestag.

Santiago, den 29. August 1996

Liebe Eva,

Du bist von Deiner Harzreise zurück. Er ist wunderschön in meiner Erinnerung. Als ich nach 1945 in Sachsen-Anhalt[1] tätig war, bin ich oft in die Harz-Kreise gekommen. Nun wird dort wohl auch der Massentourismus Einzug halten. In Quedlinburg und Wernigerode haben wir viel Geld hineingesteckt, ohne es zu schaffen, die alten Städte zu restaurieren. Es mussten auch dort zunächst Wohnungen gebaut werden, damit die Bewohner menschenwürdig wohnen konnten. Na, die neuen Herren werden es schon richten. Die 20 Prozent Arbeitslosen, die es in Quedlinburg geben soll, sind ihnen schon jetzt zu Dank verpflichtet.

Du hast Dich unterwegs mal wieder über »Sozialismusabschwörer« geärgert. Es gibt sie reichlich. Die Manipulation über Jahre hat ihre Wirkung nicht verfehlt. Von den ca. 600 000 in der DDR ausgebildeten Pädagogen z. B. waren nicht alle überzeugte Sozialisten. Nur 25 Prozent der Lehrer waren, entgegen anderen Darstellungen, Mitglieder unserer Partei. Noch immer ist die Verwirrung der Menschen groß und der heutige Antikommunismus ist nicht zu unterschätzen.

Schlimm ist, dass viele Menschen in Angst leben. Angst vor dem Verlust der Arbeit, Angst vorm Altwerden, Angst vor der Zukunft, Angst vor dem morgigen Tag. Wo bleiben da solche Werte wie Hilfsbereitschaft, Sorge um den Nächsten, wo sich doch jeder selbst der Nächste ist? Diese Gesellschaft mit ihrer Unmoral verbiegt den Charakter. Man will möglichst gut und in Ruhe leben oder nur einfach überleben. Da passt man sich an und fühlt sich für nichts verantwortlich. Außer für sich selbst. Es ist dies allzu menschlich. Und in Zeiten solcher Erschütterungen der Gesellschaft bleiben auch Genossen nicht von der Seuche des Opportunismus verschont. Wir müssen mit diesen Realitäten leben, nicht aber uns mit ihnen abfinden.

Es wird immer wieder darum gehen zu erklären, wie diese Welt in Wahrheit beschaffen ist, und letzlich wird alles doch nur begriffen durch Erfahrung und Anschauung. Und die Erfahrungen zeitigen verschiedene Wirkungen. Die einen machen die Erfahrung, dass es sich bequemer lebt, wenn man sich einrichtet in dieser Gesellschaft und zu allen Ungerechtigkeiten schweigt – bis es sie selbst empfindlich trifft. Andere engagieren sich, nehmen Unbequemes auf sich und behalten so die Achtung vor sich selbst, indem sie anderen helfen. Leider greift die Entsolidarisierung um sich. Das nutzen Unternehmer, Politiker und reformistische Kräfte in den Gewerkschaften zur Zeit vorzüglich. Dennoch werden sich mehr und mehr Menschen ihrer Lage bewusst. Die Proteste werden zunehmen. Inzwischen gibt es nicht wenige dem Sozialabbau geschuldete spontane Massenproteste in verschiedenen Regionen der Welt. Der alte Marx ist hochaktuell (danke für die Karte).

Übrigens, am 25. August[2] bekam ich einen Anruf von einer Berliner Genossin, die sich riesig gefreut hatte, dass im *ND*[3] etwas aus Erichs Erklärung gestanden hatte. Sie wusste nicht, wie es dazu gekommen war. Ich weiß es nun. Das war eine gute Idee von Dir. Die Genossin fand auch, dass das damals von ihm Gesagte sehr aktuell ist.

Wie war Portugal? Hast Du rote Nelken[4] gefunden?

Sei herzlich gegrüßt
Margot

1 Margot Honecker, damals Feist, arbeitete in den 40er Jahren in der FDJ-Landesleitung, ehe sie 1948 nach Berlin in den Zentralrat der FDJ wechselte und Vorsitzende der Pionierorganisation wurde.

2 Erich Honeckers 84. Geburtstag

3 Im *Neuen Deutschland* erschienen bezahlte Kleinanzeigen als »Denk-Zettel«, offensichtlich war auf diese Weise von Eva Ruppert ein Honecker-Zitat ins Blatt gebracht worden.

4 1975 war das faschistische Salazar-Regime durch die sogenannte Nelkenrevolution gestürzt worden

Santiago, den 16. Oktober 1996

Liebe Eva,

es hat sich schon wieder so viel ereignet, worüber man sprechen möchte.

Am Europäischen Haus[1] wird herumgezimmert, und da fallen Späne. Sozialabbau überall in den europäischen Landen. Und auch Staaten in Lateinamerika, die sich für europäische Waren geöffnet haben, bekommen etwas von diesen »Segnungen« ab. Es gibt hier nicht wenige soziale Proteste, große Aktionen in Argentinien, Venezuela, Kolumbien. Diese ohnehin armen Länder werden von wirtschaftlichen Krisen heimgesucht.

Widerstand in Deutschland, das war abzusehen, wird auf raffinierte Weise abgeblockt durch reformistische Kräfte in den Gewerkschaften und »Zugeständnisse« der Regierung und der Unternehmer. Kohl hat auf dem Verbandskongress der DAG[2] offen gesagt – was allerdings schon längst klar und im Gange ist –: Die Betriebe sollen es nach Ermessen regeln, »Arbeitnehmer« und »Arbeitgeber« sollen betriebsweise »Bündnis für Arbeit« schließen. Damit soll die potenzielle Kampfkraft der Gewerkschaften ausgehebelt werden.

Gestern sah ich einen Beitrag im Fernsehen über die Stilllegung unserer letzten großen, wirklich starken und modernen Betriebe in Magdeburg[3]. Das hatte man sich wohl aufgehoben. Die Arbeiter protestierten dort ziemlich verbittert. Von den Gewerkschaftsführern war keiner zu sehen. Auch andere nicht, die damals noch in Bischofferode aufkreuzen.[4]

Großdeutschland ist auf dem Wege, sich Europa – Russland eingeschlossen – untertan zu machen. Und die Welt mit ihrer Armee, wo es sein muss, zu »befrieden«. Nach innen werden die Schrauben fester angezogen – vorausschauend. Demonstranten (natürlich linke) können gleich in den Knast gesteckt werden. Aber das alles darf uns nicht entmutigen. Im Gegenteil.

Über die Prozesse bin ich informiert. Werner Engst hat mir die gesamte Dokumentation des Komitees mitgeschickt. Von Heinz Junge bekam ich den neuen Rundbrief. Die in der *FAZ* abgedruckte mündliche Urteilsbegründung (mit Auslassungen) von diesem Föhrig entlarvt so recht den faulen Zauber des sogenannten Rechtsstaats.[5]

Ich freue mich, dass Du Kontakt zu den Berliner Genossen hast. Übrigens, einige wenige pädagogische Wissenschaftler äußern sich zu heutigen Bildungsproblemen sehr entschieden. So gibt es einige interessante Ausarbeitungen von Prof. H. G. Hofmann, die im Rahmen der Tätigkeit der Gruppe Bildungswesen der PDS[6] entstanden sind und gedruckt wurden.

Du schriebst mir, dass die französischen Genossen Erichs Schrift, die sie übersetzt haben, vertreiben. Sie hatten mir vor Drucklegung die Fahne geschickt. Leider habe ich das gedruckte Exemplar nicht bekommen.

Mit der Rede zum 40. Jahrestag[7] kann ich Dir leider nicht behilflich sein. Bestimmt kann sie Dir ein Berliner geben. Ich würde Dir gern zum Andenken mein Referat auf dem letzten Pädagogischen Kongress (1989) schenken, aber ich habe nichts mitnehmen können.

Für heute sei herzlich gegrüßt
Deine Margot

1 Das Europäische Haus war eine von Gorbatschow aufgebrachte Idee: Der Kontinent sollte sich unter einem Dach zusammenfinden, dort sollte jedes Volk, jede Nation ihre eigene Wohnung finden, in der sie sich würde frei entfalten können. Unter den bestehenden Machtverhältnissen eine Farce, und darum hier ironisch gemeint.

2 Deutsche Angestellten-Gewerkschaft, die erst mit ihrem Beitritt zur Dienstleistungsgewerkschaft ver.di 2001 Teil des Deutschen Gewerkschaftsbundes (DGB) wurde.

3 Vermutlich handelte es sich um das Schwermaschinenbau-Kombinat »Ernst Thälmann« Magdeburg, in dessen 18 Betrieben um die 30 000 Menschen Arbeit hatten. Der Großbetrieb wurde nach der »Wende« zerschlagen, von der Treuhandanstalt verkauft, die Kaufverträge von der Nachfolgesellschaft (Bundesanstalt für vereinigungsbedingte Sonderaufgaben, BvS) 1997 »rückabgewickelt«, neue Teilgesellschaften gegründet und wieder verkauft. Die Europäische Kommission eröffnete am 21. Oktober 1997 ein Verfahren wegen unzulässig gezahlter »Umstrukturierungshilfen« von fast 210 Millionen D-Mark, die die Bundesregierung ausgereicht hatte. Kurzum, nichts war mit rechten Dingen zugegangen, was dieser von Margot Honecker gesehener Film thematisiert hatte.

4 Bischofferode im Eichsfeld war ein Zentrum des Kalibergbaus und wurde 1993 zum Symbol des Widerstandes. Das Kaliwerk »Thomas Müntzer« wurde zugunsten des Konkurrenten aus dem Westen, der inzwischen den Schacht übernommen hatte, geschlossen. Die Bergarbeiter besetzten den Schacht, traten kollektiv in den Hungerstreik, der für bundesweites Aufsehen sorgte und Politiker vieler Parteien anzog, welche sich wirkungsvoll in Szene setzten.

5 Im September 1996 verurteile das Berliner Landgericht sechs DDR-Militärs zu hohen Haftstrafen. »Der Vorsitzende Richter Friedrich-Karl Föhrig verliest die Urteile: Der ehemalige Chef der Grenztruppen, Klaus-Dieter Baumgarten, wird zu sechseinhalb Jahren Haft, seine Stellvertreter Karl Leonard, Heinz-Ottomar Thieme und Gerhard Lorenz sowie der Chef der Grenzsicherungsanlagen, Günter Gabriel, werden zu Gefängnisstrafen zwischen drei Jahren und drei Monaten und drei Jahren und neun Monaten verurteilt«, schreibt die *Berliner Zeitung* am 11. September 1996. »Die Generäle seien schuldig, in den achtziger Jahren die Befehle für den Schußwaffeneinsatz an der innerdeutschen Grenze und für die Verlegung von Minen erteilt oder mitgetragen zu haben. Dadurch ›haben sie sich des Totschlags, der Beihilfe und des versuchten Totschlags schuldig gemacht‹, erklärt Föhrig im Landgericht. ›Das ist ein politisches Urteil‹, brüllen kurz danach einige Zuschauer.«

Der zweite Senat des Bundesverfassungsgerichts beschloss am 12. November 1996, dass »SED-Funktionäre für die Toten an Mauer und Stacheldraht strafrechtlich zur Verantwortung gezogen werden können, auch wenn sie zur Tatzeit keine Bürger der Bundesrepublik waren«. Damit wurde explizit das sogenannte Rückwirkungsverbot ausgeschaltet und die juristische Verfolgung von Erich Honecker und andere Politibüromitglieder einschließlich der Militärs und Grenzsoldaten höchstrichterlich im Nachgang legitimiert.

6 Arbeitsgruppe (AG) Bildungspolitik der PDS.

7 Rede Erich Honeckers am 6. Oktober 1989 im Palast der Republik.

Santiago, den 9. Dezember 1996

Liebe Eva,

Du hast sicher schon gehört, dass Gisela Rolack[1] mich besucht hat. Es hat mir sehr gut getan, wieder einmal direkt Meinungen austauschen zu können. Wir haben über Gegenwärtiges sprechen können, und natürlich haben wir auch ein bisschen in Nostalgie gemacht, wir haben uns schon 1945 in der Jugendarbeit kennengelernt.

Mitten in den Besuch platzten die Nachrichten vom BVerfG-Urteil[2] und den ersten Folgen desselben. Was weiter folgen wird, ist noch nicht absehbar, aber dieses Urteil ist als Signal zu werten, dass die deutsche Politik nicht gewillt ist, vom Weg des Kampfes gegen den Kommunismus abzugehen. Alle, die an einer Alternative zum Kapitalismus arbeiteten oder künftig arbeiten wollen, sollen unter Strafe stehen.

Ich gab Gisela briefliche Grüße von Gladys Marín und und Lucio Corvalán für Heinz Keßler mit. Er bekam sie noch vor seinem Haftantritt. Ich hoffe, dass sie inzwischen veröffentlicht wurden. Einige Anwälte mit Verbindungen nach Europa haben sich auch in Gang gesetzt. Ja, man muss alles versuchen, der Weltöffentlichkeit die Augen zu öffnen, was in Deutschland vor sich geht. Kinkel prangert Menschenrechtsverletzungen in anderen Ländern ohne Widerspruch der Opposition im Parlament an. Und das, obwohl Menschenrechtsverletzungen in Deutschland offensichtlich sind: Verweigerung des Rechts auf Arbeit, Berufsverbote und, und, und.

Ich denke nicht, dass das kommende Jahr ruhiger werden wird. Die Proteste gegen den Sozialabbau, dem »Bau« des großen »heiligen« Europas geschuldet, nehmen zu. In Italien, Griechenland, Spanien, Frankreich und auch in Russland wird gestreikt, es gibt wachsende Unzufriedenheit in den Ländern Westeuropas. Offen mischen sich die USA und die westlichen Großmächte, allen voran Deutschland, erneut auf dem Balkan ein. Sie wollen bestimmen, welche Regierungen gewählt oder abgewählt werden sollen und wohin die UNO zu marschieren hat. Solche Politik birgt größere Konflikte. Das muss und wird Folgen haben.

Was Erich im Sommer 1991 in einem Interview in Moskau (abgedruckt in den »Moabiter Notizen«) zu den Folgen der Eruption in Mittel- und Osteuropa für die internationale Politik sagte, trifft ein, wie die Entwicklung der letzten Jahre zeigt.

Ja, Eva, wir brauchen die Einheit, zumindest die Aktionseinheit aller Kommunisten. Das geht noch zu langsam voran und ist doch angesichts der Entwicklung so vordringlich. Die Selbstzerfleischungs- und Schuldzuweisungsphase muss ein Ende haben. Gott sei Dank tut sich ja in dieser Hinsicht zunehmend auch Erfreuliches.

Ich finde es gut, dass Du trotz Ärgernissen mithilfst, dass die Solidarität über Meinungsverschiedenheiten, Missverständnissen und über Ländergrenzen hinaus gestärkt wird. Mit den Franzosen habe ich Kontakt, aber nur sporadisch. Enger sind die Kontakte mit Argentinien und Österreich. Die niederländischen Antifaschisten schicken regelmäßig ihre Zeitung. Wo es sonst noch Honecker-Komitees gibt, weiß ich nicht.

Das Buch mit Briefen an Erich hat man mir zugeschickt.[3]

Sehr gut finde ich »5 Tage im September« von Knut Holm[4] mit einem Nachwort von Oskar Fischer. Das passt gut zur gegenwärtig praktizierten Politik der »Sieger«.

Liebe Eva, trotz allem wünsche ich Dir und den Deinen ein paar ruhige Stunden zum Jahreswechsel, Gesundheit und Kraft für das, was uns neu herausfordern wird.

In alter Verbundenheit
Deine Margot

1 Gisela Rolack, Frau von Gerhard Rolack. In einer Mail am 31. Dezember 2011 schrieb Margot Honecker an Frank Schumann: »Gerhard war ein alter Genosse von Erich und mir, einer der Mitbegründer der FDJ, bis ins hohe Alter verantwortlich tätig in der Deutsch-Sowjetischen Freundschaft. Gisela, seine Frau, war ebenfalls eine aufrechte Genossin. Beide gehörten zu den ersten, die uns bei Pfarrer Holmer und später in Beelitz aufsuchten. Gerhard ist inzwischen verstorben, Gisela besuchte mich vor Jahren in Chile.«

2 Auf seiner Sitzung am 24. Oktober 1996 hatte der 2. Senat des Bundesverfassungsgerichts zum Rückwirkungsverbot des Art. 103 des Grundgesetzes Stellung bezogen. Es gelte »absolut« – ausgenommen »wenn der Träger der Staatsmacht für den Bereich schwersten kriminellen Unrechts die Strafbarkeit durch Rechtfertigungsgründe ausschließt, indem er über die geschriebenen Normen hinaus zu solchem Unrecht auffordert, es begünstigt und so die in der Völkerrechtsgemeinschaft allgemein anerkannten Menschenrechte in schwerwiegender Weise mißachtet«. Im verständlichen Deutsch: Das Rückwirkungsverbot gilt nicht für »Täter« im »Unrechtsstaat« DDR – diese können nach bundesdeutschen Recht verfolgt und verurteilt werden.

3 »Teurer Genosse! Briefe an Erich Honecker«, herausgegeben von Monika Deutz-Schroeder und Jochen Staadt, Transit Verlag, Berlin 1994.

4 »5 Tage im September«, spotless, Berlin 1996. Hinter dem Pseudonym Knut Holm verbarg sich Klaus Huhn.

Santiago, den 5. Mai 1997

Liebe Eva,

bitte sei nicht böse, dass ich erst heute Deine Post beantworte. Vor allem herzlichen Dank für Deine lieben Geburtstagsgrüße.[1] Das Buch ist auch gut angekommen.

Von Genossen und Freunden bekam ich viel Post und Anrufe. Darunter auch von einigen Familien, die mir schrieben, dass sie »jetzt mehr als zuvor wissen, was unser Bildungssystem wert war«. Hast Du eigentlich mal etwas von unserem letzten Pädagogischen Kongress gelesen? Junges schrieben mir, dass sie eine Ausgabe des *ND* mit Veröffentlichungen darüber haben. Eigentlich wollte ich Dir mal meine letzte Rede, eben auf diesem Kongress gehalten, als Zeichen meiner Freundschaft zu einer tapferen Pädagogin unserer Tage, zukommen lassen. Aber dann fand ich das doch ein wenig aufdringlich meinerseits.

Du weißt, Eva, ich bin mit meinen Gedanken dort bei Euch. Die gegenläufigen Tendenzen der gesellschaftlichen Entwicklung in Deutschland, in Europa West und Ost, aber auch auf anderen Kontinenten vollziehen sich in einem unwahrscheinlichen Tempo. Trotz wachsendem Unmut ist Widerstand noch gering, oft spontan, zersplittert und deshalb leicht zu brechen. Die Gefahr ist groß, dass rechte Kräfte, Neofaschisten aller Schattierungen, sich als Interessenvertreter aufspielen. Mit dieser Demagogie verbuchen sie in einigen Ländenr bereits Erfolge. Wir müssen auf der Hut sein.

Wenngleich unsere Kräfte noch schwach sind, macht doch vieles Hoffnung – so die bescheidenen Anfänge internationaler Solidarisierung, die hier und da erfolgreichen Ansätze, auf mögliche Bündnispartner zuzugehen. Über alles müsste man reden können. Zumindest brieflich werden wir weiter unsere Gedanken austauschen.

Heinz Junge habe ich sinngemäß geschrieben, dass Solidarität gegen die Klassenjustiz mit allen notwendig ist. Die Kommunisten wie er und Erich haben in den Zuchthäusern und KZ mit allen Solidarität geübt, auch mit jenen, die geirrt hatten oder strauchelten. Meine Meinung ist, dass darüber, was im Verlaufe der jüngsten Geschichte geschehen ist, noch gesprochen werden muss. Auch über Personen. Dazu bedarf es aber einer wirklich marxistischen Analyse. Damit tun sich unsere Historiker schwer, und die kommunistischen Parteien tun es auch. Damit hat Heinz Junge recht. Du weißt, ich achte ihn und seine Prinzipienfestigkeit, sein solidarisches Verhalten. Darauf hat Erich nie etwas kommen lassen.

Du musst das tun, was Du verantworten kannst, und Du tust wahrlich sehr viel.

Ich grüße Dich ganz herzlich
Margot

1 Es war der 70. Geburtstag Margot Honeckers.

Santiago, den 4. September 1997

Liebe Eva,

auch ich schrieb Dir nicht gleich auf Deinen Brief vom 20. Juli. Inzwischen hat sich schon wieder so viel ereignet. Dieser idiotische Politbüro-Prozess[1] ist beendet bzw. der Beginn einer neuen Welle der Kriminalisierung, der Ausgrenzung Zehntausender. Er setzt wiederum Zeichen, wie man in Deutschland mit politischen Gegnern umzugehen gedenkt. Die bürgerliche Freiheit regiert mit dem Knüppel der Angst. Manche bleiben stark oder werden stark, andere werden schwach und einige zu Verrätern.

Krenz hat sich gut geschlagen. (Seine politischen Irrungen und Wirrungen stehen auf einem anderen Blatt.[2]) Jetzt hat er der Sache einen guten Dienst erwiesen. Sch.[3] ist einer derjenigen, die in bestimmten Situationen im Straßengraben landen. Schlecht, dass wir ihre politische Charakterlosigkeit nicht durchschauten und dass sie so werden konnten, wie sie sind. Aber deren Schande ist nicht meine, nicht die unsrige. Man möchte solches auch dem »System« anlasten. Für seine Haltung hat der Einzelne einzustehen.

Im September wird mich wahrscheinlich ein Freund vom französischen Komitee (er war schon einmal vor zwei Jahren hier) besuchen. Seine Tochter brachte mir die »Moabiter Notizen« in Französisch. (Von Dir hatte ich sie schon einmal bekommen, aber ich kann sie gut gebrauchen.)

Gestern war ich auf einer eindrucksvollen Veranstaltung (Kommunisten, Sozialisten, linke Christen, darunter ehemalige und heutige Abgeordnete). Lucio Corvalán stellte seine Autobiografie vor, ein Stück gelebte Geschichte Chiles. Genosse Corvalán hat auch an Heinz Keßler und Klaus-Dieter Baumgarten[4] geschrieben, die sich darüber sehr gefreut haben.

Du hast sicher davon gehört, dass Clodomiro Almeyda[5] plötzlich verstorben ist. Seit Moskau war ich mit seiner Frau und ihm eng befreundet. Wir sind sehr traurig. Aber so ist das Leben.

Hamburger Genossen riefen mich nach ihrer Rückkehr vom *UZ*-Pressefest an. Es soll sehr gut besucht gewesen sein.
Der Solidarität wurde breiter Raum gegeben. Ja, man muss weitermachen. Das Ausmaß der Ermittlungsverfahren, der politischen und ökonomischen Ausgrenzung ist ungeheuer groß.

Werner Engst hat nun auch eine schwere Operation hinter sich, er arbeitet, so gut er kann, im Komitee weiter mit. Ich werde ihn bitten, dass er Dir meine Kongress-Rede schickt.

Deine Leserbriefe lese ich mit Beifall. Meines Bruders Frau schickt sie mir immer mit.

Hast Du Dich auch über die Backpfeife gefreut, die die russische Duma Großdeutschland dieser Tage verpasst hat? Das sind so kleine Wohltaten für unsereinen.

Hoffentlich hast Du Dich bei Deiner Tochter[6] ein wenig erholt.
Wir hoffen hier auf den Frühling mit Sonne.

Heute habe ich wohl alles durcheinander geschrieben, man müsste halt mal miteinander reden können.

Für heute, liebe Eva, sei herzlich gegrüßt
Margot

Zur Zeit lese ich Hagers Erinnerungen[7], das Buch von Inge Viett[8] habe ich noch nicht gelesen.

1 Am 25. August 1997 war der sogenannte 2. Politbüro-Prozess vor der 27. Großen Strafkammer des Landgerichts Berlin mit der Urteilsverkündung zuende gegangen. Egon Krenz wurde »wegen vierfachen Totschlags in unmittelbarer Täterschaft zu sechs Jahren und sechs Monaten verurteilt, die Staatsanwaltschaft hatte elf Jahre gefordert. Günter Schabowski und Günter Kleiber bekamen jeweils drei Jahre.

2 Im Haus Honecker hielt sich die Auffassung, dass der vermeintliche Gorbatschow-Jünger Krenz mit dem Sturz Honeckers das Ende der DDR und der SED ursächlich verschuldet habe.

3 Gemeint ist Günter Schabowski.

4 Klaus-Dieter Baumgarten (1931–2008) war von 1979 bis 1989 Stellvertretender Verteidigungsminister und Chef der Grenztruppen der DDR und wurde am 10. September 1996 mit fünf weiteren DDR-Generälen zu einer Haftstrafe verurteilt. Im März 2000, nachdem er etwa die Hälfte abgesessen hatte, wurde er ohne Begründung, aber gegen den Widerstand der Staatsanwaltschaft und Richter Föhrig, aus der Haft entlassen.

5 Clodomiro Almeyda Medina (1923–1997) war in der Allende-Regierung von 1970 bis 1973 Chiles Außenminister. Er wurde nach dem Pinochet-Putsch von der DDR-Auslandsaufklärung in Sicherheit gebracht. Baden-Württemberg verweigerte auf Veranlassung Filbingers, einst Nazi-Marinerichter und nun Ministerpräsident, die Aufnahme. Die DDR bot Asyl. (vgl. Gotthold Schramm (Hrsg.), Flucht vor der Junta, edition ost, Berlin 2005). Während des Moskau-Aufenthaltes der Honeckers war er dort Chiles Botschafter.

6 Corinna in Perigia.

7 Kurt Hager, Erinnerungen, Faber & Faber, Leipzig 1997.

8 Inge Viett, Nie war ich furchtloser: Autobiographie. Edition Nautilus, Hamburg 1997. Möglicherweise aber auch: Inge Viett, Einsprüche! Briefe aus dem Gefängnis. Edition Nautilus, Hamburg 1996.

Santiago, den 23. März 1998

Liebe Eva,

es ist alles angekommen; Deine interessante Rede in Ziegenhals[1], klug und überzeugend, und Dein Brief vom 8. März. Hab herzlichen Dank.

Ich will Dir ganz schnell berichten, dass ich die von einer großen Anzahl argentinischer Menschenrechtsorganisationen unterzeichnete Protesterklärung zur politischen Verfolgung in der DDR an Heinz Junge abgeschickt habe, da ich nicht sicher bin, ob sie dort aus Berlin angekommen ist.

Trotz aller Weltprobleme darf man die unsrigen nicht vergessen. Da die Probleme den Politikern in Deutschland über den Kopf wachsen, werden sie im Wahlkampf[2] wohl wieder verstärkt die Kriminalisierung der DDR fortsetzen. Obwohl sich die Stimmung wandelt, begreifen die Menschen nur langsam, dass der Kapitalismus keine Alternative ist. Die Lügen aber haben noch immer Wirkung, und die Angst ist größer als der Mut, sich zu wehren.

Man wird Versprechungen machen und auch Zugeständnisse, die man ja nach den Wahlen wieder beerdigen kann. Möglich, dass die SPD Stimmen gewinnt mit ihrer Politik nach rechts, nach der Mitte und auch nach links, um das Parteivolk nicht ganz zu verprellen. Die Wirtschaft setzt auf Kohls Partei, so rechts wie möglich ist die beste Garantie für sie, und auch dafür, dass sie den ganzen rechten Rand einbringt. Zu große Erfolge der offen nazistischen Parteien beunruhigen sie und das internationale Umfeld doch zu sehr. Es sieht nach wie vor nach einer Großen Koalition aus.

Wie es mit der PDS weitergeht, ist nicht leicht einzuschätzen. Sie wird getragen von den Stimmen oppositionell gestimmter Menschen. [...]

Hier ist es lebhafter geworden. Die Diskussion um Pinochet hat deutlich gemacht, dass die Stimmung im Land gespalten ist.

Vor allem aber ist klar geworden, wie das tatsächliche Kräfteverhältnis in Chile ist. Das ist nicht leicht für die Regierung der Concertation.

Für heute herzliche Grüße
Deine Margot

1 In Sporthaus Ziegenhals fand am 7. Februar 1933 die letzte Zusammenkunft des KPD-Vorsitzenden Ernst Thälmann mit Funktionären der Partei vor seiner Verhaftung statt, sie gilt als letzte reguläre, wenngleich bereits illegalte ZK-Tagung. Traditionell findet dort in jedem Jahr eine Kundgebung statt, auch über 2010 hinaus, als die Immobilie privatisiert und das Haus abgerissen wurde.

2 Am 27. September 1998 wurde ein neuer Bundestag gewählt, Wahlen fanden ferner in den Bundesländern Niedersachsen, Sachsen-Anhalt, Bayern und Mecklenburg-Vorpommern statt.

Santiago, den 4. Juni 1998

Liebe Eva,

fast zur Hälfte schrieb ich diesen Brief mit Maschine, jetzt hat sie wahrscheinlich endgültig ihr Leben ausgehaucht. Ich bin arg im Verzug mit der Antwort auf Deinen Brief vom April. Die Zeit ist mir buchstäblich davongelaufen. Ich hatte Besuch aus Argentinien – Genossen, die aktiv für die Solidarität wirken, Freunde aus Afrika meldeten sich, und Freunde hier brauchten mich. Aber das alles ist keine Entschuldigung, dass ich gerade Dich warten ließ.

Gestern bekam ich Post von Heinz Schmidt[1], der so viel tut, um die Gedenkstätte zu erhalten, und der übrigens mit guten Worten über Dein Auftreten auf der Gedenkfeier für Thälmann erinnerte.

Warum Heinz Junge Dir böse ist, verstehe ich nicht. Das politische Geschehen in der Welt ist derart, dass kleinliche Zänkereien wirklich überflüssig sind.[2]

Du wirst Dir denken, dass ich den Wahlzirkus in Deutschland verfolge. Ich kann mich irren – bis zur Wahl kann noch viel passieren, Wahlhelfer für Kohl aus Amerika, feierliche Eröffnung einiger Betriebe im Osten, die man vorher plattgemacht hat, gewissermaßen als »Leuchttürme in blühenden Landschaften«, und andere kleine Kompromisse mit dem unzufriedenen Wählern – ich denke, die CDU/CSU wird das Rennen noch einmal gewinnen.

Wenn die Stimmen denn nicht ganz reichen – weder für die Union noch für die SPD (die mit Stimmenzuwachs rechnen kann aufgrund ihrer Spagatpolitik zwischen rechts und links) werden sie eine Große Koalition bilden. Nach Sachsen-Anhalt wird die »rote Gefahr« beschworen, damit bekämpft die CDU die SPD und sammelt Stimmen am rechtesten Rand (siehe auch Wahlslogan der Bayern-CSU). Die SPD grenzt sich ab von der PDS und ist strategisch doch darauf aus, die Stimmen der PDS, möglichst auch die

Partei selbst zu schlucken. Jetzt kann man erst mal nicht daran vorbei, dass die PDS im Osten die größte Oppositionspartei ist.

Wie auch immer die Wahlen ausgehen: an der großdeutschen Politik, aggressiv nach innen und außen, wird sich nichts ändern. Ohne außerparlamentarischen Kampf (dem die Führung der PDS nicht sehr zugetan ist) ist die Kriegsgefahr, die neofaschistische Entwicklung, der Demokratieabbau nicht zu stoppen. Bislang, bei allen guten Ansätzen von Aktionen (Arbeitslosendemos und Streiks) ist in Deutschland noch wenig in Gang gekommen. In Spanien, Italien, Griechenland hat sich schon mehr bewegt und natürlich auch in Frankreich.

Gespannt bin ich auf die Einschätzung, die der 14. Parteitag der DKP gebracht hat. Ich hoffe, es ist ein Schritt voran.

Hier ist auch Wahlkampf. Jetzt sind 25 Jahre seit dem Putsch vergangen. Noch immer ist die Pinochet-Verfassung in Kraft und die Armee noch immer stark. Die Unaufgeklärtheit der Menschen ist hier sehr, sehr groß. Teile der Jugend opponieren gegen die Politik, oft ohne Richtung. Es scheint dies eine generelle Tendenz zu sein, dass die jungen Leute ihrer Unzufriedenheit Luft machen wollen. Es ist so wichtig, dass wir uns an ihre Seite stellen, damit sie nicht Rattenfängern von rechts in die Arme läuft.

Ich habe eine große Freunde, Genossen haben mir ein großes Paket Bücher zusammengesammelt und geschickt. Nun habe ich wieder neuere marxistische Literatur. Es sind Bücher von Kurt Gossweiler, Hans Heinz Holz, Robert Steigerwald, Georg Fülberth und anderen. Besonders gefreut habe ich mich, dass mir Emil Carlebach sein »Hitler war kein Betriebsunfall« geschickt hat. Auch eine fünfbändige Schiller-Ausgabe war dabei, die Genossen einst in der DDR erworben hatten. Nun habe ich für den Winter, der hier beginnt, reichlich Lesestoff.

So, liebe Eva, erst mal Schluss für heute (entschuldige die schlechte Schrift).

Sei herzlich gegrüßt
Deine Margot

1 Heinz Schmidt leitete den am 2. Mai 1990 gegründeten Freundeskreis der Ernst-Thälmann-Gedenkstätte Ziegenhals, die 1994 als gemeinnütziger Verein anerkannt wurde.

2 Es ging um die Personalie Michael Koth. Der war im Solidaritätskomitee für Erich Honecker und auch im Freundeskreis Sporthaus Ziegenhals tätig, fiel aber zunehmend durch sogenannte nationalbolschewistische Äußerungen mit eindeutig rechter Tendenz auf. Eva Ruppert rügte dies scharf, forderte die Trennung von ihm und wurde dafür wiederum von Heinz Junge kritisiert. Das Thema erledigte sich, als Koth 1996 aus der KPD ausgeschlossen wurde, deren ZK er seit Februar 1994 angehört hatte. Er gründete eine Partei der Arbeit Deutschlands (PdAD), die sich 1998 aber wieder auflöste. 1999 gründete Koth zusammen mit den Neonazis Thomas Brehl (Langen, Hessen), Michael Thiel (Duisburg) und Frank Hübner (Cottbus) den »Kampfbund Deutscher Sozialisten« (KDS), der 2008 aufgelöst wurde, und trat bei NPD-Kundgebungen als Redner auf. Koth war/ist Wortführer einer Querfront-Strategie. Als ideologischer Spaltpilz ist er noch immer im Internet unterwegs (»Antiimperalistische Plattform«). Koth vertrat die Meinung, dass der »internationale Sozialismus« gescheitert sei und plädierte für einen »Nationalen Sozialismus«. Die Auseinandersetzung Eva Rupperts 1998 mit Koth war also mehr als begründet. Es handelte sich nicht um »Zänkereien«, sondern um einen grundsätzlichen Konflikt.

Santiago, den 12. September 1998

Liebe Eva,

manchmal läuft auch mir die Zeit davon. Da gibt es große und kleine Probleme, die irgendwie bewältigt werden wollen.

Nun wird das Wahlspektakel bald vorüber sein und die eigentlichen Probleme werden, wie immer auch gewählt werden wird, wieder in den Vordergrund rücken. Die »freien« Wahlen ändern nichts an dieser großdeutschen Politik. Die Regierungen, Kanzler und Präsidenten eingeschlossen, sind immer mehr nur die Ausführenden der Konzerne und Banken. Auch diejenigen, die nun vielleicht auf SPD setzen, werden ihre Illusionen bald verlieren.

Es ist natürlich gut, wenn die PDS im Osten in einige Landesparlamente einzieht. Bald aber werden ehrliche Mitglieder dieser Partei fragen, wohin die Partei driftet. Mancher war erschreckt über die vielen »Entschuldigungen«, die die PDS-Führung bei den Regierenden abgab. Mich hat es nicht verwundert. Die geht doch nur konsequent den Weg, den die Partei auf ihrem Sonderparteitag[1] (SED/PDS) eingeschlagen hat, nämlich weiter auf dem Weg des Sozialdemokratismus (bis hin zur Vereinigung mit der SPD?). Damals konnten sie dies nicht erreichen, heute vielleicht. Die SPD braucht sie ja im Osten.

Ich verstehe gut, dass die DKP trotz prinzipieller Meinungsverschiedenenheiten die Tür der Verständigung nicht zuschlägt, obwohl der Auftritt Modrows auf dem DKP-Parteitag nicht unumstritten war. Er erscheint ja noch vielen als »Retter der DDR«.

Es ist schwer für die Menschen und vor allem für die jungen, sich zu orientieren. Politik wird immer undurchschaubarer. Die Medien tun, was sie können. Die Menschen sollen sich aufgeilen am Tod Dianas, an Clintons Affairen, an Korruptionsskandalen, am Schattenboxen zwischen den sogenannten großen Volksparteien und vor allem am »Schreckgespenst des Kommunismus«.

Inzwischen geht der Krieg auf dem Balkan weiter, immer aufs Neue geschürt von Deutschland. Die USA bombardieren inzwischen Sudan und Afghanistan, in Osteuropa wird über kurz oder lang sich Ähnliches vollziehen wie in Russland. Das dies kommen musste, war vorauszusehen. Es funktioniert nicht in Ländern, die 70 bzw. über 40 Jahre keine Kapitalisten hatten, diese in die Urzeit des Kapitalismus zurückzurollen.

In meine Büchersammlung habe ich mich schon vertieft. Mit besonderem Interesse habe ich die neueren Schriften von Hans Heinz Holz gelesen, z. B. »Kommunisten heute«. Sie enthalten eine ausgezeichnete marxistische Analyse der Gegenwart und des Gestern. Sehr hilfreich für eine marxistische Partei und wohltuend für uns, sie macht Mut.

Jetzt bekam ich aus Wien auch das Buch von Martens über Stalin[2]. Ich habe es noch nicht gelesen.

Hier gab es um den 11. September herum einige Turbulenzen. Die Rechte macht sich stark, und Pinochet führt noch immer das große Wort. Die Linken sind auch hier zerstritten, und die kleine KP kämpft ziemlich allein, aber sie zeigt mehr und mehr ihr Gesicht. Wir werden alle allerorts einen langen Atem brauchen für das, was an Kämpfen bevorsteht. Das Schwerste wird sein, und das war immer schwierig, Licht in die Köpfe zu bringen.

In Sachen Solidarität geht einiges weiter vorwärts. Es wäre größerer politischer Druck nötig, aber kein Soli-Komitee verfügt über die dafür notwendige Kraft. Was die Gesellschaft zum Schutz von Bürgerrecht und Menschenwürde[3] in Richtung UNO unternimmt, ist eine gute Sache.

Heinz J. hat auch mir den Artikel geschickt und die Anzeige im *ND*. Alles gut gemeint, rein subjektiv verständlich, aber es hilft nicht. Deine Leserbriefe lese ich immer, sie sind sehr gut.

Ich wünsche Dir alles Gute, bis bald

in herzlicher Verbundenheit
Margot

1 Gemeint ist der Sonderparteitag der SED im Dezember 1989, der in zwei Sitzungen stattfand. Auf der ersten Zusammenkunft wurde der Rechtsanwalt Gregor Gysi zum SED-Vorsitzenden gewählt, auf der zweiten gab sich die Partei den Namen SED-Partei des Demokratischen Sozialismus. Im Februar 1990 beschloss der Parteivorstand, das Kürzel SED aus dem Namen zu tilgen.

2 Ludo Martens: Stalin anders betrachtet, epo 1998.

3 Gesellschaft zum Schutz von Bürgerrecht und Menschenwürde e.V. (GBM), existiert seit 1991. Eine Abordnung nahm 1993 an der UNO-Menschenrechtsweltkonferenz der Nichtregierungsorganisationen in Wien teil und unternahm in der Folgezeit wiederholt Vorstöße in diese Richtung.

Santiago, den 16. November 1998

Liebe Eva,

die Zeit läuft und läuft, das Jahr ist schon bald zu Ende. In der Welt gibt es ständig neue Turbulenzen, häufig sehr jähe Wendungen. Wer hätte noch an eine zeitweilige Haft für Pinochet gedacht?[1] Nun ist alles zum Vorschein gekommen, was hier unter der Decke schlummerte, das Leid Hunderttausender, deren Genugtuung groß war, dass ihnen so wenigstens moralisches Recht zugesprochen wurde.

An die Oberfläche kam aber auch, dass die Rechten sehr stark sind und die Ultrarechten von einem fanatischen Antikommunismus erfüllt sind. Die Lage für die Concertation ist schwierig und für viele nicht verständlich, weil sie den Kompromiss nicht kennen, den man einging bei der Ablösung der Diktatur. Nämlich das Militär zu schonen und ihm eine politische Mitsprache einzuräumen. Damals wahrscheinlich gab es keinen anderen Weg.

Die Pinochet-Verfassung wurde weder unter Alwyn noch unter Frei geändert, die rechten Kräfte im Senat, im Parlament haben sich als stärker erwiesen. Immer stand die Erhaltung der Concertation im Vordergrund. Auch jetzt. Die Rechte will auf alle Fälle verhindern, dass ein Kandidat der Sozialisten Präsident wird (was ohnehin fraglich ist). Aber man benutzt die Situation, um die Chilenen mit dem Sozialismus zu schrecken. Dazu muss auch das Argument herhalten, so die hiesige Presse, dass in fast allen europäischen Ländern Sozialisten regierten (schön wäre es). Und dort herrsche Krise.

Unsere Rot-Grünen haben nun die Illusion beim Durchschnittsbürger geweckt, dass sie die Politik ändern wollen.[2] Einige soziale Trostpflästerchen haben sie nun schon verteilt. In der Außenpolitik marschieren sie weiter in Kinkels und Rühes Spuren. Und mit dem »Bündnis für Arbeit« wird man wohl den Versuch wagen, die Tarifautonomie weiter auszuhebeln und mit der »Flexibilisierung der Arbeitszeit« Lösungen im Interesse der Unternehmer zu Lasten der Arbeiter zu schaffen, wenn man sie denn lässt. Da genügt es nicht, einige linke Abgeordnete mehr in den Parlamenten zu haben (das ist natürlich ein Erfolg). Da muss nun Opposition wirklich links von der SPD sein.

Es wird sich zeigen, ob und wie ernst es der PDS-Führung damit ist. An der Basis regt sich der Wunsch zusammenzugehen, trotz des Bremsens von oben, wie es beim gemeinsamen Wahlkampf von PDS und DKP sichtbar wurde.

Es gibt so viel interessante neue Literatur. Kürzlich bekam ich Kurt Gossweilers Buch »Revisionismus« in die Hände. Sehr interessant seine Betrachtung aus historischer Sicht.

Modrow hat nun auch wieder über die Vereinigung geschrieben.[3] Du hast ganz recht, so wie es kam, war es im Großen und Ganzen vorauszusehen. Ich wundere mich noch immer über die Naivität einiger unserer Politiker-Reformer.

Es ist schwer für junge Leute, sich in der Politik zurechtzufinden. Dass Du Deinen Schülern immer wieder hilfst, ein Stück Wahrheit zu erkennen, werden sie Dir vielleicht eines Tages danken.

Übrigens fand ich Deine Idee, lieber Erich selbst sprechen zu lassen, viel besser als die Anzeige (Geburtstag). Die Sicht auf die Dinge ist halt verschiedenen. Aber das weißt Du ja.

Sei herzlich gegrüßt
Deine Margot

Du hast Dich sicher auch gefreut, dass wenigstens Heinz Keßler[4] frei ist.

1 Pinochet lebte zu jener Zeit in London im Exil. Im November 1998 hatte ein Gericht dessen Immunität aufgehoben, weshalb die Auslieferung an Chile möglich wurde. Im April 1999 entschied der britische Innenminister Jack Straw, dass Pinochet an Spanien ausgeliefert werden dürfe.

2 Bei den Bundestagswahlen am 27. September 1998 war die SPD zum ersten Mal nach 1972 mit 40,9 Prozent stärkste Partei geworden und bildete mit den Grünen (6,7 Prozent) die erste rot-grüne Regierungskoalition, die bis 2005 bestand. Die PDS zog mit 5,1 Prozent ins Parlament ein. Mit der »Agenda 2010« legte die Koalition ein Programm ungeahnten Sozialabbaus auf.

3 Hans Modrow, Ich wollte ein neues Deutschland, Dietz, Berlin 1998

4 Heinz Keßler (1920–2017) war bereits im Frühjahr 1998 aus der JVA Hakenfelde in Berlin aus gesundheitlichen Gründen auf Bewährung entlassen worden.

Santiago, den 17. Februar 1999

Liebe Eva,

Du musst kein schlechtes Gewissen haben, wenn Du einige Zeit nicht zum Schreiben kommst. Wie viele Jahre schreiben wir uns nun schon? Du warst eine von den Ersten, die ihre Solidarität mit Erich erklärten.

Es freut mich, dass Du guten Kontakt zu den Engsts hast, sie gehören zu meinen treuesten Freunden. Die Demo[1] war also sehr eindrucksvoll. Wenn Bonn nun endgültig nach Berlin umzieht, werden sie wohl noch rigoroser die Polizei gegen dieses Friedrichsfelder Gedenken einsetzen.

Inzwischen schwinden nun wohl die Illusionen wenigstens eines Teils derer, die glaubten, mit SPD und Grünen eine andere Politik gewählt zu haben. Die Arbeitslosigkeit bleibt, das »Bündnis für Arbeit« wird nicht den Arbeitnehmern nützen, sondern den Unternehmern nutzen. Die neue Regierung kann nicht schnell genug ihre Bodentruppen auf dem Balkan (und wo noch?) marschieren sehen. Wie lange wohl diese Koalition halten wird? Eventuell kommt es noch vor den nächsten Wahlen zu der jetzt noch nicht zustandegekommenen, aber von den Bossen und anderen gewünschten Großen Koalition.

Die PDS-Führung ist nun dabei, die einzige Oppositionspartei kaputtzumachen. Diese Obrigkeit wollte schon immer (siehe Sonderparteitag SED/PDS) in die Arme der Sozialdemokratie sinken. Und die SPD braucht den Osten und dort einen »Steigbügelhalter«. Ob die Basis der PDS stark genug ist, eine solche negative Entwicklung zu verhindern, scheint mir fraglich. Schwer für die DKP, die sich um eine Aktionseinheit bemüht.

Der 50. Jahrestag der Gründung der beiden deutschen Staaten wirft Schatten voraus. Die Politiker werden einige »Freundlichkeiten« sagen, etwa dass es auch Gutes in der DDR gab, und gleichzeitig weiter die antikommunistische Trommel rühren und den Sozialismus verteufeln. Ich bekomme das insofern zu spüren, als die gesamte großbürgerliche Presse läuft, um Interviews von mir zu bekommen. Ich gebe natürlich unseren guten Namen nicht dafür her, damit sie weiter gegen den »Unrechtsstaat« zu Felde ziehen können.

Grüß Irma Thälmann[2] herzlich von mir. Sie muss sich nicht über den Mist ärgern, den man über Ernst T. schreibt. Das kann seinen Namen nicht aus der Geschichte der deutschen und der internationalen Arbeiterbewegung löschen.

Der Pinochet wird wohl irgendwann wieder hier erscheinen. Die bürgerlichen Regierungen Europas sind nicht an einer Bestrafung interessiert, und die in alles verwickelte USA ohnehin nicht. Hinter dem Ganzen muss man vermuten, dass die Herrschenden in dieser Welt für die Zukunft vorsorgen: Sie opfern einen der Ihren, der ihnen nichts mehr nutzt, um künftig alle ihnen unliebsamen »Diktatoren« vor ihren Internationalen Gerichtshof zu stellen. Erich sagte damals, als er verhaftet und über ihn zu Gericht gesessen werden sollte: »Jetzt wollen sie ihr Nürnberg!«

Auch hier wächst nun die Arbeitslosigkeit, mehren sich die sozialen Widersprüche.

Der Druck von Rechts im Vorfeld der Präsidentenwahl ist spürbar gewachsen. So sieht es ja jetzt in fast allen Teilen der Welt aus. Aber es macht auch Hoffnung, dass immer mehr Menschen die Augen aufgehen.

Für heute soll es erst mal genug sein. Es wäre über Vieles zu sprechen. Nächstes Jahr wirst Du also pensioniert. Dann wirst Du ein wenig mehr Zeit haben. Schade, dass es kein anderes Verkehrsmittel nach Chile als das Flugzeug gibt.[3]

Sei recht herzlich gegrüßt
Deine Margot

1 Die traditionelle Liebknecht-Luxemburg-Demonstration am zweiten Sonntag im Januar.

2 Irma Thälmann (1919–2000), Tochter des KPD-Vorsitzenden Ernst Thälmann und dessen Frau Rosa. Zusammen mit ihrer Mutter, die am 5. Mai 1944 verhaftet worden war, war sie bis zur Befreiung im KZ Ravensbrück bzw. dessen Außenlager Neubrandenburg inhaftiert. Obwohl sie mit dem Vermerk »Rückkehr unerwünscht« gebrandmarkt war, überlebte sie. 1990 verließ sie aus Enttäuschung über den Umgang mit ihrem Vater die PDS und trat der 1990 wiedergegründeten KPD bei, für die sie bei der Bundestagswahl 1994 im Wahlkreis Berlin-Lichtenberg kandidierte. Eva Ruppert lernte sie 1994 in Paris kennen. Französische Kommunisten hatten Thälmanns Tochter zu deren 75. Geburtstag eingeladen.

3 Eva Ruppert leidet unter extremer Flugangst.

Santiago, den 25. Mai 1999

Liebe Eva,

inzwischen bist Du aus Paris zurück – mit guten Eindrücken, wie ich annehme. Die Tagung des Soli-Komitees wird auch schon vorüber sein, wenn Du diesen Brief bekommst. Du warst also ständig in Aktion, gar nicht zu reden von Deinen treffenden Leserbriefen. Wie sollte ich da böse sein, dass Du manchmal nicht gleich zum Schreiben kommst?

Uns bewegt sicher gemeinsam, mit vielen, vielen anderen dieser mörderische Krieg gegen Jugoslawien.[1] Nun haben sie wieder, zehn Jahre nach Liquidierung der Nachkriegsordnung, Krieg in Europa. Da haben wir das eigentliche Ergebnis der Wende in Europa. Großdeutschland ist wieder ganz in seiner alten Rolle. Da feiern sie das Grundgesetz, dem bald die Wiederaufrüstung folgte, mit salbungsvollen Worten über wahre Demokratie und Menschenrechte – und bombardieren Frauen und Kinder in Belgrad wie einst. Erinnerst Du Dich, was Erich – abgedruckt in den »Moabiter Notizen« – dem etwas schockierten Reporter in Moskau 1991 zur Kriegsgefahr sagte? »Wie zu keinem Zeitpunkt nach dem Zweiten Weltkrieg steht die Welt am Kreuzweg zwischen Krieg und Frieden.« Er bezog sich dabei auf die akute Gefahr eines militärischen Konflikts auf dem Balkan. Leider, leider ist diese Voraussage eingetroffen.

Es ist wirklich ernst. Großdeutschland steht den USA treu zur Seite und ist doch bestrebt, ihr den Rang als Weltmacht streitig zu machen. Natürlich wird diese das nicht zulassen. Beide wollen ans Öl, beide wollen die bestmögliche strategische Ausgangsposition bei »Befriedungsaktionen«, wie man heute Aggressionen zu nennen pflegt, gegen Russland. Sie provozieren Russland und China, unvorstellbar, wenn es gelänge, die Atommächte in dieses Spiel mit dem Feuer hineinzumanövrieren.

Trotz aller Lügen entlarvt sich die NATO mit diesem Krieg.
Die Friedenskräfte werden mobiler, die Linken haben die Chance, wieder in die Offensive zu kommen. Auch die Linken in der PDS könnten wieder Spielraum gewinnen. Darauf muss diese Führung, die lieber heute als morgen zur SPD gewandert wäre, schließlich Rücksicht nehmen. […]

Hier spielt Jugoslawien keine große Rolle, Europa ist weit. Zur Zeit gibt es landesweite Studentenproteste, die auf der Straße in heftigen Auseinandersetzungen mit der Polizei ausgetragen werden. Die Hafenarbeiter streikten, die Arbeitslosigkeit ist rapide gewachsen. Das bewunderte ökonomische Modell der freien Marktwirtschaft geht zu Bruch. Wochenlang gab es Stromsperren als Folge von Gewinninteressen der privatisierten Energiegesellschaften. Die Pinochetisten veranstalteten Tumulte im Parlament. Es bricht so langsam auf, was unter der Decke schlummerte.

Hier hat der Winter begonnen, ziemlich kalt für die hiesigen Verhältnisse. Ihr könnt Euch auf den kommenden Sommer freuen. So ist die Welt nun mal eingerichtet. Ich hoffe, Dir geht es gut.

In herzlicher Verbundenheit
Margot

P. S.: Entschuldige den unordentlichen ersten Bogen und die Sprünge in der Schrift. Die olle Maschine hoppelt und entwickelt sich zum Papierzerknitterer.

1 Gemeint ist der Kosovokrieg, der vom Februar 1998 bis Juni 1999 dauerte. Die NATO bombardierte Serbien seit dem 24. März 1998, die Bundeswehr beteiligte sich vom ersten Tag an den Luftschlägen. Es war der erste Kampfeinsatz der Bundeswehr seit der Gründung 1955, erstmals nach 1945 zogen deutsche Soldaten wieder in einen Krieg.

Santiago, den 27. Oktober 1999

Liebe Eva,

nun muss ich mich wieder einmal »lebendig machen«[1]. [...]
Es ist übrigens interessant, wie viele im Osten, aber auch im Ausland, des 50. Gründungstages der DDR gedacht haben. Meine Freunde aus Argentinien schrieben mir von einer beeindruckenden Manifestation.

Hast Du schon das Buch von Eberhard Czichon und Heinz Marohn »Das Geschenk. Die DDR im Perestroika-Ausverkauf«[2] gelesen? Es ist bemerkenswert. Sie gehörten zu denen, wie sie von sich sagen, die auch auf Perestroika gesetzt hatten. Nun kommen sie zu interessanten Schlussfolgerungen. Wichtig scheint mir, dass sie anhand von Fakten manch bislang verschwiegene Wahrheit aufdeckten und den Versuch unternehmen, die internationalen Zusammenhänge zu zeigen.

Modrow, der mich kürzlich anrief, bemerkte, als ich auf das Buch zu sprechen kam, dass es Wahrheiten verdrehe. Naja, so muss er das wohl sehen.

Der letzte Politbüro-Prozess[3] ist nun in Gang gesetzt. Diese DDR liegt ihnen derart im Magen, dass sie nun nach zehn Jahren noch einmal zum Tiefschlag ausholen. Und sie werden, wie bisher schon immer im Westen Deutschlands gehandhabt, nie damit aufhören, Kommunisten zu verfolgen. (Denke aber bitte nicht, dass ich den damals angeklagten Schabowski für einen Kommunisten halte.)

Das Buch von Krenz[4] kenne ich nicht, ich hörte, wie üblich, geteilte Meinungen. Ich kann ohnehin nur schwer nachvollziehen, wie sich alle ihre Rolle in der Geschichte zurechtschneidern. Es scheint ein menschliches Bedürfnis zu sein, die eigene Bedeutung im Nachhinein größer darzustellen, als sie in Wirklichkeit war. [...]

Sei herzlich gegrüßt
Margot

1 Margot Honecker transkribierte die italienische Wendung »farsi vivo« = sich lebendig machen. Eva Ruppert hatte moniert, dass sich das gelegentlich von Margot Honecker benutzte »sich melden« so militärisch klinge.

2 Eberhard Czichon und Heinz Marohn, Das Geschenk. Die DDR im Perestroika-Ausverkauf, Papyrossa, Düsseldorf 1999

3 Angeklagt waren Herbert Häber, Hans-Joachim Böhme und Siegfried Lorenz. Das Verfahren endete am 7. Juni 2000 mit Freisprüchen, die drei ehemaligen Politbüromitglieder wurden – im Unterschied zu den beiden vorangegangenen »Politbüro-Prozessen« – vom Vorwurf des Totschlags freigesprochen. »Richter Luther macht klar, dass es zwar die Pflicht der Politbüromitglieder gewesen wäre, für das Leben von DDR-Flüchtlingen einzustehen. ›Wenn das Grenzgesetz eingehalten worden wäre«, sagt er, »hätte es die vielen Toten nicht gegeben«, zitierte ihn die *Berliner Zeitung*. »Ein für eine Verurteilung notwendiger Zusammenhang zwischen Ursache und Folgen konnten die Richter nicht erkennen. ›Wir haben an den Fakten nicht festmachen können, dass der Tod der Flüchtlinge verhindert worden wäre‹, sagt Luther. Eine Strafbarkeit sei deshalb zu verneinen.«

4 Egon Krenz, Herbst '89. Verlag Neues Leben, Berlin 1999.

Santiago, März 2000

Liebe Eva,

könnte man doch nur über all das sprechen, was uns beide gleichermaßen bewegt. […]

Was die Bücher über die damaligen Ereignisse betrifft, so zeichnet sich auch hier manche Erkenntnis ab. Wer von den Akteuren von damals ist schon frei von subjektiver Sicht? Auch verständlich. Manche Theoretiker – auch der DKP – sind nicht frei von Besserwisserei, wenn es um die DDR geht. Wenig wird darüber geschrieben, wie auch die DKP vom »Gorbatschismus« angefressen war. Alles braucht seine Zeit. […]

Die Solidarität muss weiter und breiter entwickelt werden. Es ist gut, dass sich da einiges tut in der Solidarität mit Egon Krenz. Auch meine Freunde in Argentinien sind diesbezüglich weiter

Kuvert mit der handschriftlich von Margot Honecker notierten Adresse.

aktiv. Sie nutzen die Kampagne gegen die faschistische Haider-Partei[1], um den antifaschistischen Charakter der DDR zu zeigen und zur Solidarität mit Egon aufzurufen. Und weil Du Spanisch lernst, lege ich einen Artikel bzw. Auszug bei. Vielleicht kannst Du ihn schon lesen.

Du schreibst: Wenn Erich noch dieses oder jenes erlebt hätte ... Vieles wäre eine, wenngleich bittere Bestätigung seiner Sicht auf die Entwicklung im sozialistischen Europa, die sich seit der Konterrevolution vollzogen hat. Er hatte, was man auch immer über ihn schreibt, seinen klaren Kopf behalten. Auch in der Zeit größter Verwirrung.

Übrigens, hast Du schon den »Himmlischen Briefwechsel über ein versunkenes Land«[2] gelesen? Es ist mit Kopf, Herz und Hand geschrieben.

Für heute sei herzlich gegrüßt
Margot

1 Gemeint ist die FPÖ.

2 Eberhard Panitz/Klaus Huhn, Himmlischer Briefwechsel über ein versunkenes Land. spotless, Berlin 1999.

»Wir befinden uns in einer Periode, in der wie zu keinem Zeitpunkt nach dem Zweiten Weltkrieg die Welt am Kreuzweg zwischen Krieg und Frieden steht. Das ist die harte Wahrheit, sie nicht zu sehen wäre tödlich. [...] Ganz Deutschland ist Bestandteil der NATO, die Bundeswehr steht an der Oder, der Warschauer Vertrag ist tot. Wohin kann diese Entwicklung führen?«

Erich Honecker im Sommer 1991 in Moskau

Santiago, 10. Oktober 2000

Liebe Eva,

nun muss ich mich endlich wieder »lebendig machen«. [...]

Die internationale Rüstungslobby hat nun ihren »Krieg gegen den Terror«. Nach dem Schock des Terroranschlages wurde eine internationale Allianz zusammengezimmert. Dieser sinnlose Terrorakt[2] – wir Kommunisten haben Terror immer verurteilt – kam der USA zustatten. Sie haben nun einen propagandistischen Anlass, und die Medien weltweit schüren die Ängste, um »Krieg« gegen einen diffusen Feind. Mit dieser Begründung wird aufgerüstet, werden bürgerliche Freiheiten abgebaut und Zwangsmaßnahmen ausgebaut, es geht um die »innere Sicherheit« – mit Überwachung und Einsatz der Armee gegen das eigene Volk – heißt die demagogische Begründung. [...]

Die PDS, will sie gewählt werden, muss sich als Antikriegspartei profilieren. Wer allerdings glaubt, mit der Übernahme von Regierungsverantwortung ließe sich in dieser internationalen politischen Konstellation die Politik in Deutschland maßgeblich verändern, irrt. Regieren bedeutet nicht, die Macht zu haben.
Das Theater, das die PDS-Führung vor ihrer derzeitigen Antikriegserklärung veranstaltet hat, hat die Partei an den Rand des Selbstmords geführt. [...]

Hier in Chile überlagert das Weltgeschehen die nationale Politik. Über den Terror der Pinochet-Diktatur spricht man so wenig wie in den USA über Hiroshima, Vietnam oder den Balkankrieg.

Sei herzlich gegrüßt und lass wieder von Dir hören
Deine Margot

1 Erster mit dem Computer geschriebener Brief.

2 »Nine eleven« – der Terroranschlag auf das World Trade Center in New York, den US-Präsident Bush jr. zum Anlass nahm, einen weltweiten »Krieg gegen den Terror« auszurufen.

Santiago, 13. Dezember 2015

Liebe Eva,

schnell vergehen die Jahre in dieser unruhigen Zeit in dieser unruhigen Welt. Ich hoffe und wünsche Dir trotzdem und trotz der gesundheitlichen Leiden, die sich im Alter leider einstellen, dass es Dir im Allgemeinen gut geht. Es ist schade, dass Du nur noch selten nach Berlin kommen kannst.

Das nun zu Ende gehende Jahr hat der Menschheit Kriege und zunehmende Armut beschert, und die Angst vor der Ausweitung der Kriege nimmt zu. Dieses verfaulende imperialistische System kommt ohne Kriege nicht aus. Die von den USA geführte NATO hat sich im Osten an Russlands Grenzen aufgestellt. In der Ukraine, in Polen, in den baltischen Republiken haben sie ihre militärischen Stützpunkte errichtet, Russland und China im Visier.

Der Feldzug der Monopolmächte gen Osten hat nie aufgehört. Russlands Eingreifen im Nahen Osten passt nicht in die Strategie

Margot Honecker in La Reina.

der NATO. Die von den Russen angestrebte politische Lösung des militärischen Konflikts ist nicht im Interesse der westlichen Großmächte. Natürlich verfolgt das kapitalistische Russland, das sich als Großmacht behaupten will, auch eigene Interessen. Wie es im Nahen Osten nun zum Frieden kommen kann, ist offen. Derzeit sieht alles nach Zuspitzung aus.

Und Deutschland ist natürlich wieder ganz vorn mit dabei. Wieder werden Deutsche in einen Krieg ziehen. Massiver Widerstand dagegen bleibt noch aus. Wann endlich wird der deutsche Michel begreifen, was mit ihm gespielt wird? Aufklärung tut not. [...]

Ich möchte Dir, da die Post so schrecklich langsam ist, schon jetzt zum Jahreswechsel gratulieren und Dir für das kommende Jahr alles erdenklich Gute, vor allem Gesundheit, wünschen.

Mit den herzlichsten Grüßen aus dem fernen Chile
Deine Margot

1 Letzter Brief Margot Honeckers an Eva Ruppert. Die aggressiv fortschreitende Krebserkrankung erlaubte nur noch kurze Antworten. Aber wie bei allen anderen Briefpartnern verschwieg sie die tödliche Krankheit auch gegenüber Eva Ruppert. In Deutschland wussten nur wenige Vertraute davon, dass Margot Honecker nicht mehr lange leben würde. Sie verstarb am 6. Mai 2016 in Santiago de Chile.